Bernhard Stentenbach

Die wichtigsten französischen Verben

Verbformen und Anwendungsbeispiele

smf

smf-Buch
sicher in modernen Fremdsprachen

Copyright © 2014 Bernhard Stentenbach, Langenfeld
Umschlaggestaltung: Katja Eilders, Leichlingen
Herstellung und Verlag: Books on Demand GmbH, Norderstedt
Made in Germany
ISBN 978-3-7357-4232-2

Vorwort

Das Buch – *Die wichtigsten französischen Verben - Verbformen und Anwendungsbeispiele* – enthält die Verben, die in der französischen Umgangssprache von Bedeutung sind. Es ermöglicht einem Lerner mit Vorkenntnissen, die Verbformen insbesondere der unregelmäßigen Verben im Gedächtnis aufzufrischen und zu festigen. Bei jedem Verb erfolgt zunächst eine Übersicht über die in der gesprochenen Sprache relevanten Verbformen. Anschließend werden in einer Reihe von Beispielsätzen typische Anwendungsmöglichkeiten aufgezeigt. Diese helfen Ihnen, sich sicher in der französischen Alltagskommunikation zu bewegen.

Abkürzungen

cond.	*conditionnel*
etw.	etwas
f.	*faire*
fut.	*futur*
impf.	*imparfait*
jdm	jemandem
jdn	jemanden
p. c.	*passé composé*
prés.	*présent*
qc	*quelque chose*
qn	*quelqu'un*
subj.	*subjonctif*

Inhalt

avoir, être		7
A	acheter	9
B	battre	16
C	casser	18
D	décider	26
E	écouter	33
F	faire	39
H	s'habiller	41
I	il faut	43
J	jeter	46
L	laisser	47
M	manger	49
O	obtenir	53
P	paraître	55
R	rappeler	63
S	savoir	72
T	téléphoner	76
V	vaincre	77
Liste der Verben		80

avoir, être

avoir *(haben)*

prés.: j'ai, tu as, il/elle a, nous avons, vous avez, ils/elles ont;
p. c.: j'ai eu, tu as eu, il/elle a eu, nous avons eu, vous avez eu, ils/elles ont eu;
impf.: j'avais, tu avais, il/elle avait, nous avions, vous aviez, ils/elles avaient;
plqpf.: j'avais eu, tu avais eu, il/elle avait eu, nous avions eu, vous aviez eu, ils/elles avaient eu;
fut.: j'aurai, tu auras, il/elle aura, nous aurons, vous aurez, ils/elles auront;
cond. I: j'aurais, tu aurais, il/elle aurait, nous aurions, vous auriez, ils/elles auraient;
cond. II: j'aurais eu, tu aurais eu, il/elle aurait eu, nous aurions eu, vous auriez eu, ils/elles auraient eu;
subj.: que j'aie, que tu aies, qu'il/elle ait, que nous ayons, que vous ayez, qu'ils/elles aient

Je n'ai pas peur. *(Ich habe keine Angst.)*
Quel âge **avez-vous**? *(Wie alt sind Sie?)*
J'ai eu un accident de voiture. *(Ich hatte einen Autounfall.)*
Je n'avais pas de problèmes. *(Ich hatte keine Probleme.)*
Je n'avais pas eu de chance. *(Ich hatte kein Glück gehabt.)*
J'aurai bientôt 20 ans. *(Ich werde bald 20 Jahre alt.)*
Comme ça, **elle aurait eu** plus d'argent. *(Auf diese Weise hätte sie mehr Geld gehabt.)*
Je ne crois pas **qu'il ait** *(subj.)* **raison**. *(Ich glaube nicht, dass er Recht hat.)*

être *(sein)*

prés.: je suis, tu es, il/elle est, nous sommes, vous êtes, ils/elles sont;
p. c.: j'ai été, tu as été, il/elle a été, nous avons été, vous avez été, ils/elles ont été;
impf.: j'étais, tu étais, il/elle était, nous étions, vous étiez, ils/elles étaient;
plqpf.: j'avais été, tu avais été, il/elle avait été, nous avions été, vous aviez été, ils/elles avaient été;
fut.: je serai, tu seras, il/elle sera, nous serons, vous serez, ils/elles seront;
cond. I: je serais, tu serais, il/elle serait, nous serions, vous seriez, ils/elles seraient;
cond. II: j'aurais été, tu aurais été, il/elle aurait été, nous aurions été, vous auriez été, ils/elles auraient été;
subj.: que je sois, que tu sois, qu'il/elle soit, que nous soyons, que vous soyez, qu'ils/elles soient

Vous êtes d'accord? *(Sind Sie einverstanden?)*
J'ai été trois jours à Paris. *(Ich war drei Tage in Paris.)*
Ce n'était pas facile. *(Das war nicht einfach.)*
Si **j'avais été** là, … *(Wenn ich da gewesen wäre, …)*
Je serai de retour ce soir. *(Ich werde heute Abend wieder zurück sein.)*
A votre place, **je ne serais pas** content. *(An ihrer Stelle wäre ich nicht zufrieden.)*
Sans toi, **j'aurais été** complètement perdu. *(Ohne dich wäre ich völlig verloren gewesen.)*
Il faut **que tu sois** *(subj.)* là ce soir. *(Du must heute Abend da sein.)*

A

acheter *(kaufen)*

prés.: j'achète, tu achètes, il/elle achète, nous achetons, vous achetez, ils/elles achètent;
p. c.: j'ai acheté; *impf.:* j'achetais; *plqpf.:* j'avais acheté; *fut.:* j'achèterai; *cond. I:* j'achèterais; *cond. II:* j'aurais acheté; *subj.:* que j'achète

J'ai acheté ça hier. *(Ich habe das gestern gekauft.)*
s'acheter qc *(sich etw. kaufen)*
Je me suis acheté un smartphone. *(Ich habe mir ein Smartphone gekauft.)*

agir *(handeln)*

prés.: il/elle agit, ils/elles agissent;
p. c.: il/elle a agi; *impf.:* il/elle agissait; *plqpf:* il/elle avait agi; *fut.:* il/elle agira; *cond. I:* il/elle agirait; *cond. II:* il/elle aurait agi; *subj.:* qu'il/elle agisse

Il agit sans réfléchir. *(Er handelt ohne zu überlegen.)*
il s'agit de qc *(es handelt sich um etw.)*
Il s'agit de votre fils. *(Es handelt sich um Ihren Sohn.)*
De quoi **s'agit-il**? *(Worum handelt es sich? / Worum geht es?)*

aider *(helfen)*

prés.: j'aide, vous aidez, ils/elles aident;
p. c.: j'ai aidé; *impf.:* j'aidais; *plqpf.:* j'avais aidé; *fut.:* j'aiderai; *cond. I:* j'aiderais; *cond. II:* j'aurais aidé; *subj.:* que j'aide

aider qn à f. qc *(jdm helfen, etw. zu tun)*
Je vais vous **aider**. *(Ich helfe Ihnen.)*

Pouvez-vous m'aider à choisir un pc portable? *(Können Sie mir helfen, einen Laptop auszuwählen?)*
J'aide mon fils (= **Je l'aide**) à faire ses devoirs. *(Ich helfe meinem Sohn (= Ich helfe ihm) bei den Hausaufgaben.)*

aimer *(lieben, mögen)*

prés.: j'aime, vous aimez, ils/elles aiment;
p. c.: j'ai aimé;   *impf.:* j'aimais;   *plqpf.:* j'avais aimé;   *fut.:* j'aimerai;   *cond. I:* j'aimerais;   *cond. II:* j'aurais aimé;   *subj.:* que j'aime

aimer qc *(etw. mögen)*
Je n'aime pas tellement ces films. *(Ich mag diese Filme nicht besonders.)*
aimer f. qc *(etw. gerne tun)*
J'aime bien aller au cinéma. *(Ich gehe gern ins Kino.)*
J'aimerais bien aller à Paris. *(Ich würde gerne nach Paris fahren.)*
aimer mieux qc *(etw. lieber mögen)*
J'aime mieux les films américains. *(Ich mag lieber die amerikanischen Filme.)*
aimer mieux f. qc *(etw. lieber tun)*
J'aime mieux prendre le bus. *(Ich fahre lieber mit dem Bus.)*

aller *(gehen, fahren)*

prés.: je vais, tu vas, il/elle va, nous allons, vous allez, ils/elles vont;
p. c.: je suis allé(e);   *impf.:* j'allais;   *plqpf.:* j'étais allé(e);   *fut.:* j'irai;   *cond I.:* j'irais;   *cond II:* je serais allé(e);   *subj.:* que j'aille, que nous allions, qu'ils/elles aillent

aller en … *(fahren mit …)*
J'y vais en bus / en voiture / en train. *(Ich fahre mit dem Bus / mit dem Auto / mit dem Zug (dorthin).)*

aller chez qn *(zu jdm gehen)*
J'irai en tout cas chez lui. *(Ich werde auf jeden Fall zu ihm gehen)*
Comment allez-vous? *(Wie geht es Ihnen?)*
Comment **ça va**? *(Wie geht's?)*
Je ne vais pas bien. *(Mir geht es nicht gut.)*
aller chercher qc/qn *(etw. holen / jdn abholen)*
Je vais aller chercher ma fille à l'école. *(Ich hole meine Tochter von der Schule ab.)*
aller voir qn *(jdn besuchen (gehen))*
Je suis allé le voir hier. *(Ich habe ihn gestern besucht.)*

améliorer *(verbessern, steigern)*

prés.: il/elle améliore, ils/elles améliorent;
p. c.: il/elle a amélioré; *impf.:* il/elle améliorait; *plqpf.:* il/elle avait amélioré; *fut.:* il/elle améliorera; *cond. I:* il/elle améliorerait; *cond. II:* il/elle aurait amélioré; *subj.:* qu'il/elle améliore

Cela **a amélioré** la situation des étrangers. *(Dies hat die Situation der Ausländer verbessert.)*
s'améliorer *(sich bessern, besser werden)*
La situation **s'est améliorée**. *(Die Situation hat sich verbessert.)*

amener *(bringen, herbringen)*

prés.: j'amène, tu amènes, il/elle amène, nous amenons, vous amenez, ils/elles amènent;
p. c.: j'ai amené; *impf.:* j'amenais; *plqpf.:* j'avais amené; *fut.:* j'amènerai; *cond.I:* j'amènerais; *cond. II:* j'aurais amené; *subj.:* que j'amène, que nous amenions, qu'ils/elles amènent

J'amène mon fils à l'école. *(Ich bringe meinen Sohn zur Schule.)*
amener qn à f. qc *(jdn dazu bringen/veranlassen, etw. zu tun)*
Ça m'a amené à quitter l'école. *(Das hat mich veranlasst, die Schule zu verlassen.)*

appeler *(rufen, anrufen)*

prés.: j'appelle, tu appelles, il/elle appelle, nous appelons, vous appelez, ils/elles appellent;
p. c.: j'ai appelé; *impf.:* j'appelais; *plqpf.:* j'avais appelé; *fut.:* j'appellerai; *cond. I:* j'appellerais; *cond. II:* j'aurais appelé; *subj.:* que j'appelle, que nous appelions

Je vous appelle ce soir. *(Ich rufe Sie heute Abend an.)*
Il/Elle a appelé au secours. *(Er/Sie hat um Hilfe gerufen.)*
s'appeler *(heißen)*
Je m'appelle Michel/Martine. *(Ich heiße Michel/Martine.)*
Comment **tu t'appelles**? *(Wie heißt du?)*
Comment **vous vous appelez**? *(Wie heißen Sie?)*

apprendre *(lernen)*

prés.: j'apprends, tu apprends, il/elle apprend, nous apprenons, vous apprenez, ils/elles apprennent;
p. c.: j'ai appris; *impf.:* j'apprenais; *plqpf.:* j'avais appris; *fut.:* j'apprendrai; *cond. I:* j'apprendrais; *cond. II:* j'aurais appris; *subj.:* que j'apprenne, que nous apprenions

J'apprends le français depuis quatre ans. *(Ich lerne seit 4 Jahren Französisch.)*
apprendre à f. qc *(lernen, etw. zu tun)*
Il/Elle a appris à lire à cinq ans. *(Er/Sie hat mit 5 Jahren lesen gelernt.)*
J'ai appris que … *(Ich habe gehört/erfahren, dass …)*
J'ai appris que vous étiez malade. *(Ich habe gehört, Sie waren krank.)*

arrêter *(anhalten, unterbrechen)*

prés.: j'arrête, vous arrêtez, ils/elles arrêtent;
p. c.: j'ai arrêté; *impf.:* j'arrêtais; *plqpf.:* j'avais arrêté; *fut.:* j'arrêterai; *cond. I:* j'arrêterais; *cond. II:* j'aurais arrêté; *subj.:* que j'arrête

On a arrêté le travail *(Man hat die Arbeit unterbrochen.)*
On a arrêté le criminel *(Man hat den Verbrecher verhaftet.)*
arrêter de f. qc *(aufhören, etw. zu tun)*
J'ai arrêté de fumer. *(Ich habe mit dem Rauchen aufgehört.)*
s'arrêter *(stehen bleiben)*
Je me suis tout de suite **arrêté(e)**. *(Ich bin sofort stehen geblieben.)*
Il/Elle parle **sans s'arrêter**. *(Er/Sie spricht ununterbrochen.)*

arriver *(ankommen)*

prés.: j'arrive, vous arrivez, ils/elles arrivent;
p. c.: je suis arrivé(e); *impf.:* j'arrivais; *plqpf.:* j'étais arrivé(e); *fut.:* j'arriverai; *cond. I:* j'arriverais; *cond. II:* je serais arrivé(e); *subj.:* que j'arrive

Je suis arrivé(e) peu avant dix heures. *(Ich bin kurz vor 10 Uhr angekommen.)*
arriver à f. qc *(gelingen, etw. zu tun)*
Je suis arrivé(e) à trouver une bonne solution. *(Es ist mir gelungen, eine gute Lösung zu finden.)*
arriver *(passieren)*
Cela peut arriver à tout le monde. *(Das kann jedem passieren.)*
Il m'est arrivé un petit malheur. *(Es ist mir ein Malheur passiert.)*

atteindre *(erreichen)*

prés.: j'atteins, tu atteins, il/elle atteint, nous atteignons, vous atteignez, ils/elles atteignent;
p. c.: j'ai atteint; *impf.:* j'atteignais; *plqpf.:* j'avais atteint; *fut.:* j'atteindrai; *cond. I:* j'atteindrais; *cond. II:* j'aurais atteint; *subj.:* que j'atteigne

Vous pouvez m'atteindre sur mon portable. *(Sie können mich auf meinem Handy erreichen.)*
Il/Elle a atteint son but. *(Er/Sie hat sein/ihr Ziel erreicht.)*

attendre *(warten)*

prés.: j'attends, tu attends, il/elle attend, nous attendons, vous attendez, ils/elles attendent;
p. c.: j'ai attendu; *impf.:* j'attendais; *plqpf.:* j'avais attendu;
fut.: j'attendrai; *cond. I:* j'attendrais; *cond. II:* j'aurais attendu;
subj.: que j'attende

<u>attendre qn/qc</u> *(auf jdn / auf etw. warten)*
J'ai attendu le bus pendant une demi-heure. *(Ich habe eine halbe Stunde auf den Bus gewartet.)*
Vous m'attendez? *(Warten Sie auf mich?)*
J'attends votre réponse depuis deux jours. *(Ich warte seit 2 Tagen auf Ihre Antwort.)*
Attends, j'arrive tout de suite. *(Warte! Ich komme sofort.)*

augmenter *(erhöhen, steigern)*

prés.: il/elle augmente, ils/elles augmentent;
p. c.: il/elle a augmenté; *impf.:* il/elle augmentait; *plqpf.:* il/elle avait augmenté; *fut.:* il/elle augmentera; *cond. I:* il/elle augmenterait; *cond. II:* il/elle aurait augmenté; *subj.:* qu'il/elle augmente

<u>augmenter qc</u> *(etw. erhöhen, steigern)*
On a augmenté les prix. *(Man hat die Preise erhöht.)*
<u>augmenter</u> *(steigen, zunehmen)*
Les prix ont fortement **augmenté**. *(Die Preise sind stark gestiegen.)*

B

battre *(schlagen)*

prés.: je bats, tu bats, il/elle bat, nous battons, vous battez, ils/elles battent;
p. c.: j'ai battu; *impf.:* je battais; *plqpf.:* j'avais battu; *fut.:* je battrai; *cond. I:* je battrais; *cond. II:* j'aurais battu; *subj.:* que je batte

Le Bayern Munich **a battu** la Juventus Turin 2-0. *(Bayern München hat Juventus Turin 2-0 geschlagen.)*
Il s'est battu avec son ex-femme. *(Er hat sich mit seiner Ex-Frau geprügelt.)*

blesser *(verletzen)* *(vgl. aider)*

prés.: il/elle blesse; *p. c.:* il/elle a blessé

Il a blessé un enfant. *(Er hat ein Kind verletzt.)*
<u>se blesser</u> *(sich verletzen)*
Je me suis blessé(e) à la main. *(Ich habe mich an der Hand verletzt.)*

boire *(trinken)*

prés.: je bois, tu bois, il/elle boit, nous buvons, vous buvez, ils/elles boivent;
p. c.: j'ai bu; *impf.:* je buvais; *plqpf.:* j'avais bu; *fut.:* je boirai; *cond. I:* je boirais; *cond. II:* j'aurais bu; *subj.:* que je boive, que nous buvions

Tu as quelque chose **à boire**. *(Hast du etwas zu trinken?)*
Je ne bois pas d'alcool. *(Ich trinke keinen Alkohol.)*
J'ai trop **bu**. *(Ich habe zu viel getrunken.)*

bouger *(sich bewegen)* *(vgl. aider)*

prés.: je bouge; *p.c.:* j'ai bougé

Je bouge trop peu. *(Ich bewege mich zu wenig.)*
Je dois bouger plus. *(Ich muss mich mehr bewegen.)*

brûler *(verbrennen, brennen)* *(vgl. aider)*

prés.: je brûle; *p.c.:* j'ai brûlé

Le bois **ne brûle pas**. *(Das Holz brennt nicht.)*
On a brûlé ses livres. *(Man hat seine/ihre Bücher verbrannt.)*
<u>se brûler qc</u> *(sich etw. verbrennen)*
Je me suis brûlé la main. *(Ich habe mir die Hand verbrannt.)*

C

casser *(zerbrechen, zerschlagen)* *(vgl. aider)*

prés.: je casse,   *p.c.:* j'ai cassé

J'ai cassé un vase. *(Ich habe eine Vase zerbrochen.)*
se casser qc *(sich etw. brechen)*
Je me suis cassé mon bras. *(Ich habe mir den Arm gebrochen.)*

cesser *(aufhören)* *(vgl. aider)*

prés.: je cesse;   *p.c.:* j'ai cessé;   *fut.:* je cesserai

On a cessé le traitement. *(Man hat die Behandlung eingestellt.)*
Les travaux ont cessé. *(Die Arbeiten haben aufgehört.)*
cesser de f. qc *(aufhören, etw. zu tun)*
J'ai cessé de fumer. *(Ich habe mit dem Rauchen aufgehört.)*

changer *(ändern)*

prés.: je change, tu changes, il/elle change, nous changeons ("e"steht vor „o"), vous changez, ils/elles changent;
p. c.: j'ai changé;   *impf.:* je changeais ("e" steht vor „a");   *plqpf.:* j'avais changé;   *fut.:* je changerai;   *cond. I:* je changerais;   *cond. II:* j'aurais changé;   *subj.:* que je change

changer qc *(etw. ändern/wechseln)*
J'ai changé mon projet. *(Ich habe meinen Plan geändert.)*
Pouvez-vous me changer 50 euros? *(Können Sie mir 50 Euro wechseln?)*
changer *(sich ändern)*
La situation **a changé**. *(Die Lage hat sich geändert.)*
Rien n'a changé. *(Es hat sich nichts geändert.)*
Il/Elle n'a pas changé. *(Er/Sie hat sich überhaupt nicht verändert.)*

<u>changer de qc</u> *(etw. wechseln/ändern)*
Elle a changé de logement / d'appartement. *(Sie ist umgezogen.)*
Il faut changer de bus deux fois. *(Man muss zweimal umsteigen.*
Il a changé d'avis. *(Er hat seine Meinung geändert.)*

choisir *(wählen)*

prés.: je choisis, tu choisis, il/elle choisit, nous choisissons, vous choisissez, ils/elles choisissent;
p. c.: j'ai choisi; *impf.:* je choisissais; *plqpf.:* j'avais choisi; *fut.:* je choisirai; *cond. I:* je choisirais; *cond. II:* j'aurais choisi; *subj.:* que je choisisse

Qu'est-ce que **tu choisis**? *(Was wählst du?)*
Qu'est-ce que **vous choisissez** comme boisson? *(Was für ein Getränk wählen Sie?)*

combattre *(kämpfen, bekämpfen)*

prés.: je combats, tu combats, il/elle combat, nous combattons, vous combattez, ils/elles combattent;
p. c.: j'ai combattu; *impf.:* je combattais; *plqpf.:* j'avais combattu; *fut.:* je combattrai; *cond. I:* je combattrais; *cond. II:* j'aurais combattu; *subj.:* que je combatte

combattre le terrorisme *(den Terrorismus bekämpfen)*
combattre pour la justice *(für die Gerechtigkeit kämpfen)*

commencer *(anfangen, beginnen)*

prés.: je commence, tu commences, il/elle commence, nous commençons ("ç" steht vor „o"), vous commencez, ils/elles commencent;
p. c.: j'ai commencé; *impf.:* je commençais ("ç" steht vor „a");
plqpf.: j'avais commencé; *fut.:* je commencerai; *cond. I:* je commencerais; *cond. II:* j'aurais commencé; *subj.:* que je commence

Il a commencé ses études. *(Er hat mit dem Studium angefangen.)*
commencer à f. qc *(anfangen, etw. zu tun)*
J'ai commencé à manger moins. *(Ich habe angefangen, weniger zu essen.)*

commettre *(begehen)*

prés.: je commets, tu commets, il/elle commet, nous commettons, vous commettez, ils/elles commettent;
p. c.: j'ai commis; *impf.:* je commettais; *plqpf.:* j'avais commis; *fut.:* je commettrai; *cond. I:* je commettrais; *cond. II:* j'aurais commis; *subj.:* que je commette

Il/Elle a commis un crime. *(Er/Sie hat ein Verbrechen begangen.)*

comparer *(vergleichen)* *(vgl. aider)*

prés.: je compare; *p. c.:* j'ai comparé

comparer à/avec *(vergleichen mit)*
On peut comparer ça avec un ipad. *(Man kann das mit einem iPad vergleichen.)*
se comparer à qn *(sich mit jdm vergleichen)*
se comparer à ses amis *(sich mit seinen Freunden vergleichen)*
se comparer aux autres *(sich mit den anderen vergleichen)*

se comporter *(sich verhalten)*

prés.: je me comporte, tu te comportes, il/elle se comporte, nous nous comportons, vous vous comportez, ils/elles se comportent;
p. c.: je me suis comporté(e); *impf.:* je me comportais; *plqpf.:* je m'étais comporté(e); *fut.:* je me comporterai; *cond. I:* je me comporterais; *cond. II:* je me serais comporté(e); *subj.:* que je me comporte

Il se comporte comme un enfant. *(Er verhält sich wie ein Kind.)*
Je me suis bien/mal comporté(e). *(Ich habe mich richtig/falsch verhalten.)*

comprendre *(verstehen)*

prés.: je comprends, tu comprends, il/elle comprend, nous comprenons, vous comprenez, ils/elles comprennent;
p. c.: j'ai compris; *impf.:* je comprenais; *plqpf.:* j'avais compris; *fut.:* je comprendrai; *cond. I:* je comprendrais; *cond. II:* j'aurais compris; *subj.:* que je comprenne, que nous comprenions

Vous me comprenez? *(Verstehen Sie mich?)*
Je n'y comprends rien. *(Ich verstehe nichts davon.)*
Il était impossible de **se faire comprendre**. *(Es war unmöglich, sich verständlich zu machen. / Die Verständigung war unmöglich.)*
Cela se comprend. *(Das ist verständlich.)*

conduire *(fahren, führen)*

prés.: je conduis, tu conduis, il/elle conduit, nous conduisons, vous conduisez, ils/elles conduisent;
p. c.: j'ai conduit; *impf.:* je conduisais; *plqpf.:* j'avais conduit; *fut.:* je conduirai; *cond. I:* je conduirais; *cond. II:* j'aurais conduit; *subj.:* que je conduise

<u>conduire à ...</u> *(führen zu ...)*
Cette politique conduit à une catastrophe. *(Diese Politik führt zu einer Katastrophe.)*
Elle conduit très bien. *(Sie fährt sehr gut (Auto).)*
<u>se conduire</u> *(sich benehmen)*
Il se conduit comme un enfant. *(Er benimmt sich wie ein Kind.)*

connaître *(kennen)*

prés.: je connais, tu connais, il/elle connaît, nous connaissons, vous connaissez, ils/elles connaissent;
p. c.: j'ai connu; *impf.:* je connaissais; *plqpf.:* j'avais connu; *fut.:* je connaîtrai; *cond. I:* je connaîtrais; *cond. II:* j'aurais connu;
subj.: que je connaisse

Vous connaissez Paris? *(Kennen Sie Paris?)*
Je l'ai connu(e) pendant les vacances. *(Ich habe ihn/sie in den Ferien kennen gelernt.)*

conseiller *(raten, empfehlen)* *(vgl.* aider*)*

prés.: je conseille; *p. c.:* j'ai conseillé

<u>conseiller à qn de f. qc</u> *(jdm raten, etw. zu tun)*
Je vous conseille de consulter un spécialiste. *(Ich rate Ihnen, einen Facharzt aufzusuchen.)*
On m'a conseillé de vous contacter. *(Man hat mir empfohlen, Sie zu kontaktieren.)*

construire *(bauen)*

prés.: je construis, tu construis, il/elle construit, nous construisons, vous construisez, ils/elles construisent;
p. c.: j'ai construit; *impf.:* je construisais; *plqpf.:* j'avais construit;
fut.: je construirai; *cond. I:* je construirais; *cond. II:* j'aurais construit; *subj.:* que je construise

On construit des éoliennes de plus en plus grandes. *(Man baut immer größere Windräder.)*
Le château **a été construit** au XIVe siècle. *(Das Schloss wurde im 14. Jahrhundert erbaut.)*

contenir *(enthalten)*

prés.: Il/elle contient, ils/elles contiennent;
p. c.: il/elle a contenu;   *impf.:* il/elle contenait;   *plqpf.:* il/elle avait contenu;   *fut.:* il/elle contiendra;   *cond. I:* il/elle contiendrait;   *cond. II:* il/elle aurait contenu;   *subj.:* qu'il/elle contienne

Ce site web contient beaucoup d'informations sur ... *(Diese Website enthält viele Informationen über ...)*

continuer *(fortsetzen)*   *(vgl.* aider*)*

prés.: je continue;   *p. c.:* j'ai continué

Nous avons continué le voyage. *(Wir haben die Reise fortgesetzt.)*
<u>continuer à f. qc</u> *(etwas weitermachen)*
Il/Elle a continué à travailler. *(Er/Sie hat weitergearbeitet.)*

se coucher *(schlafen gehen)*

prés.: je me couche, tu te couches, vous vous couchez;
p. c.: je me suis couché(e)

Je ne me couche jamais avant 23 heures. *(Ich gehe nie vor 23 Uhr ins Bett.)*
Hier, **je me suis couché(e)** très tard. *(Gestern bin ich sehr spät ins Bett gegangen.)*

courir *(laufen)*

prés.: je cours, tu cours, il/elle court, nous courons, vous courez, ils/elles courent;
p. c.: j'ai couru; *impf.:* je courais; *plqpf.:* j'avais couru; *fut.:* je courrai; *cond. I:* je courrais; *cond. II:* j'aurais couru; *subj.:* que je coure

J'ai couru à la maison. *(Ich bin nach Hause gelaufen.)*
Il/Elle court le risque de perdre tout son argent. *(Er/Sie läuft Gefahr, sein/ihr ganzes Geld zu verlieren.)*

craindre *(fürchten, Angst haben)*

prés.: je crains, tu crains, il/elle craint, nous craignons, vous craignez, ils/elles craignent;
p. c.: j'ai craint; *impf.:* je craignais; *plqpf.:* j'avais craint; *fut.:* je craindrai; *cond. I:* je craindrais; *cond. II:* j'aurais craint; *subj.:* que je craigne

Je ne crains pas la mort. *(Ich habe keine Angst vor dem Tod.)*
Il/Elle craint de tout perdre. *(Er/Sie hat Angst, alles zu verlieren.)*
Je crains qu'il/elle soit malade. *(Ich fürchte, er/sie ist krank.)*

créer *(schaffen)* *(vgl.* aider*)*

prés.: il/elle crée, vous créez, ils/elles créent; *p. c.:* j'ai créé

Cela crée de nouveaux ennuis. *(Das schafft neuen Ärger.)*
On a créé beaucoup d'emplois. *(Man hat viele Arbeitsplätze geschaffen.)*

croire *(glauben)*

prés.: je crois, tu crois, il/elle croit, nous croyons, vous croyez, ils/elles croient;
p. c.: j'ai cru; *impf.:* je croyais; *plqpf.:* j'avais cru; *fut.:* je croirai;
cond. I: je croirais; *cond. II:* j'aurais cru; *subj.:* que je croie, que nous croyions

croire que ... *(glauben, dass ...)*
Je ne crois pas que ce soit *(subj.)* vrai. *(Ich glaube nicht, dass das stimmt.)*
croire à qc *(an etw. glauben)*
Vous croyez à la vie après la mort? *(Glauben Sie an ein Leben nach dem Tod?)*
croire qn *(jdm glauben)*
Vous pouvez me croire. *(Sie können mir glauben.)*
se croire obligé(e) de f. qc *(sich verpflichtet fühlen, etw. zu tun)*
Il/Elle se croit obligé(e) d'aider les pauvres. *(Er/Sie fühlt sich verpflichtet, den Armen zu helfen.)*

D

décider *(beschließen)* *(vgl. aider)*

prés.: je décide; *p. c.:* j'ai décidé

<u>décider de f. qc</u> *(beschließen, etw. zu tun)*
On a décidé de continuer. *(Man hat beschlossen, weiterzumachen.)*
<u>décider de qc</u> *(über etw. entscheiden)*
On n'a pas encore décidé de son sort. *(Man hat über sein/ihr Schicksal noch nicht entschieden.)*
<u>se décider à f. qc</u> *(sich entschließen, etw. zu tun)*
Je me suis décidé(e) à ne plus fumer. *(Ich habe mich entschlossen, nicht mehr zu rauchen.)*

découvrir *(entdecken)*

prés.: je découvre, tu découvres, il/elle découvre, nous découvrons, vous découvrez, ils/elles découvrent;
p. c.: j'ai découvert; *impf.:* je découvrais; *plqpf.:* j'avais découvert; *fut.:* je découvrirai; *cond. I:* je découvrirais; *cond. II:* j'aurais découvert; *subj.:* que je découvre

On découvre toujours quelque chose de nouveau. *(Man entdeckt immer wieder etwas Neues.)*
On a decouvert la vraie cause de ... *(Man hat den wahren Grund von ... herausgefunden.)*

défendre *(verteidigen)*

prés.: je défends, tu défends, il/elle défend, nous défendons, vous défendez, ils/elles défendent;
p. c.: j'ai défendu; *impf.:* je défendais; *plqpf.:* j'avais défendu;
fut.: je défendrai; *cond. I:* je défendrais; *cond. II:* j'aurais défendu; *subj.:* que je défende

<u>défendre qn /qc</u> *(jdn/etw. verteidigen)*
Il défend ses intérêts. *(Er verteidigt seine Interessen.)*
se défendre contre des accusations personnelles *(sich gegen persönliche Anschuldigungen wehren)*
<u>défendre à qn de f. qc</u> *(jdm verbieten, etw. zu tun)*
Je lui ai défendu d'y aller. *(Ich habe ihm/ihr verboten, dorthin zu gehen.)*
C'est défendu. *(Das ist verboten.)*

demander *(bitten, fragen)* *(vgl.* aider*)*

prés.: je demande; *p. c.:* j'ai demandé

<u>demander à qn de f. qc</u> *(jdn bitten, etw. zu tun)*
Je vous demande pardon. *(Ich bitte Sie um Entschuldigung.)*
J'ai demandé à mon fils / à ma fille de rentrer tout de suite. *(Ich habe meinen Sohn / meine Tochter gebeten, sofort nach Hause zu kommen.)*
Je lui ai demandé de ... *(Ich habe ihn/sie gebeten, ...)*
<u>demander à qn</u> *(jdn fragen)*
Il faut demander à un spécialiste. *(Da müssen Sie einen Fachmann fragen.)*
Je lui ai demandé pourquoi ... *(Ich habe ihn/sie gefragt, warum ...)*
Il/Elle m'a demandé quand ... *(Er/Sie hat mich gefragt, wann ...)*

se dépêcher *(sich beeilen)*

prés.: je me dépêche, tu te dépêches, il/elle se dépêche, nous nous dépêchons, vous vous dépêchez, ils/elles se dépêchent;
p. c.: je me suis dépêché(e); *impf.:* je me dépêchais; *plqpf.:* je m'étais dépêché(e); *fut.:* je me dépêcherai; *cond. I:* je me dépêcherais; *cond. II:* je me serais dépêché(e); *subj.:* que je me dépêche

Il faut que je me dépêche. *(Ich muss mich beeilen.)*
Il faut que tu te dépêches. *(Du musst dich beeilen.)*
Je me suis dépêché(e) pour être à l'heure. *(Ich habe mich beeilt, um pünktlich zu sein.)*

dépendre *(abhängen)*

prés.: je dépends, tu dépends, il/elle dépend, nous dépendons, vous dépendez, ils/elles dépendent;
p. c.: j'ai dépendu; *impf.:* je dépendais; *plqpf.:* j'avais dépendu; *fut.:* je dépendrai; *cond. I:* je dépendrais; *cond. II:* j'aurais dépendu; *subj.:* que je dépende)

<u>dépendre de ...</u> *(abhängen von ...)*
Ça dépend de la situation. *(Das hängt von der Situation ab.)*
Elle dépend financièrement de son mari. *(Sie hängt finanziell von ihrem Mann ab.)*
Ça dépend. *(Das kommt darauf an.)*

descendre *(hinabsteigen, heruntergehen)*

prés.: je descends, tu descends, il/elle descend, nous descendons, vous descendez, ils/elles descendent;
p. c.: je suis descendu(e); *impf.:* je descendais; *plqpf.:* j'étais descendu(e); *fut.:* je descendrai; *cond. I:* je descendrais; *cond. II:* je serais descendu(e); *subj.:* que je descende

Vous descendez à la gare. *(Sie steigen am Bahnhof aus.)*
Elle est descendue de la voiture / du bus / du *train (Sie ist aus dem Auto / aus dem Bus / aus dem Zug ausgestiegen.)*
Tu descends? / **Vous descendez**? *(Steigst du aus? / Steigen Sie aus?)*

détruire *(zerstören)*

prés.: je détruis, tu détruis, il/elle détruit, nous détruisons, vous détruisez, ils/elles détruisent;
p. c.: j'ai détruit; *impf.:* je détruisais; *plqpf.:* j'avais détruit; *fut.:* je détruirai; *cond. I:* je détruirais; *cond. II:* j'aurais détruit;
subj.: que je détruise

L'homme **détruit** la nature. *(Der Mensch zerstört die Natur.)*
Sa voiture **est** complètement **détruite**. *(Sein/Ihr Auto ist völlig zerstört.)*

devenir *(werden)*

prés.: je deviens, tu deviens, il/elle devient, nous devenons, vous devenez, ils/elles deviennent;
p. c.: je suis devenu(e); *impf.:* je devenais; *plqpf.:* j'étais devenu(e); *fut.:* je deviendrai; *cond. I:* je deviendrais; *cond. II:* je serais devenu(e); *subj.:* que je devienne, que nous devenions

Ça devient très difficile. *(Das wird sehr schwierig.)*
Les gens **deviennent de plus en plus égoïstes**. *(Die Menschen werden immer egoistischer.)*
Je suis devenu(e) sceptique. *(Ich bin skeptisch geworden.)*

devoir *(müssen, sollen)*

prés.: je dois, tu dois, il/elle doit, nous devons, vous devez, ils/elles doivent;
p. c.: j'ai dû; *impf.:* je devais; *plqpf.:* j'avais dû; *fut.:* je devrai; *cond. I:* je devrais; *cond. II:* j'aurais dû; *subj.:* que je doive, que nous devions

Je dois tout faire tout(e) seul(e). *(Ich muss alles allein machen.)*
Nous devons travailler plus longtemps. *(Wir müssen länger arbeiten.)*
Tu ne dois pas tout dire. *(Du sollst / Du darfst nicht alles sagen.)*
J'ai dû rester trois jours à l'hôpital. *(Ich musste 3 Tage im Krankenhaus bleiben.)*
J'aurais dû venir tout de suite. *(Ich hätte sofort kommen sollen.)*

diminuer *(vermindern, sinken, abnehmen)* *(vgl.* aider*)*

prés.: cela diminue; *p. c.:* cela a diminué

Le risque **diminue** de plus en plus. *(Das Risiko geht immer mehr zurück.)*
Le stress **a beaucoup diminué**. *(Der Stress hat stark abgenommen.)*

dire *(sagen)*

prés.: je dis, tu dis, il/elle dit, nous disons, vous dites, ils/elles disent;
p. c.: j'ai dit; *impf.:* je disais; *plqpf.:* j'avais dit; *fut.:* je dirai; *cond. I:* je dirais; *cond. II:* j'aurais dit; *subj.:* que je dise

Qu'est-ce que cela veut dire? *(Was soll das heißen?)*
Comment ça se dit en français? *(Wie heißt das auf Französisch?)*
Qu'est-ce que vous en dites? *(Was sagen Sie dazu?)*
Comment dirais-je? *(Wie soll ich mich ausdrücken?)*

discuter *(diskutieren)* *(vgl. aider)*

prés.: je discute; p. c.: j'ai discuté

discuter de/sur qc *(über etw. diskutieren/sprechen)*
On discute beaucoup **de** ces questions. *(Man diskutiert intensiv über diese Fragen.)*
De quoi avez-vous discuté? *(Worüber habt ihr geredet?)*
On a discuté sur le climat. *(Man hat über das Klima diskutiert/gesprochen.)*

disparaître *(verschwinden)*

prés.: je disparais, tu disparais, il/elle disparaît, nous disparaissons, vous disparaissez, ils/elles disparaissent;
p. c.: j'ai disparu; *impf.:* je disparaissais; *plqpf.:* j'avais disparu; *fut.:* je disparaîtrai; *cond. I:* je disparaîtrais; *cond. II:* j'aurais disparu; *subj.:* que je disparaisse

Les petits commerces **disparaissent de plus en plus**. *(Die kleinen Läden verschwinden immer mehr.)*
Ma carte bancaire **a disparu**. *(Meine EC-Karte ist verschwunden.)*

divorcer *(sich scheiden lassen)* *(vgl. aider)*

prés.: il/elle divorce; *p. c.:* il/elle a divorcé

Il/Elle veut divorcer. *(Er/Sie will sich scheiden lassen.)*
Il/Elle a divorcé. *(Er/Sie hat sich scheiden lassen.)*

dormir *(schlafen)*

prés.: je dors, tu dors, il/elle dort, nous dormons, vous dormez, ils/elles dorment;
p. c.: j'ai dormi; *impf.:* je dormais; *plqpf.:* j'avais dormi; *fut.:* je dormirai; *cond. I:* je dormirais; *cond. II:* j'aurais dormi; *subj.:* que je dorme

Je ne dors pas bien ces derniers temps. *(Ich schlafe in der letzten Zeit nicht gut.)*
Vous avez bien dormi? *(Haben Sie gut geschlafen?)*

E

écouter *(zuhören)* *(vgl. aider)*

prés.: j'écoute; *p. c.:* j'ai écouté

écouter la radio *(Radio hören)*
Elle ne m'écoute pas. *(Sie hört nicht auf mich.)*
Il n'a pas écouté mes conseils. *(Er hat nicht auf meine Ratschläge gehört.)*
<u>écouter qn</u> *(auf jdn hören)*
Il ne m'a pas écouté(e). *(Er hat nicht auf mich gehört.)*

écrire *(schreiben)*

prés.: j'écris, tu écris, il/elle écrit, nous écrivons, vous écrivez, ils/elles écrivent;
p. c.: j'ai écrit; *impf.:* j'écrivais; *plqpf.:* j'avais écrit; *fut.:* j'écrirai; *cond. I:* j'écrirais; *cond. II:* j'aurais écrit; *subj.:* que j'écrive

Il/Elle écrit très mal. *(Er/Sie schreibt sehr schlecht.)*
C'est écrit très lisiblement. *(Das ist sehr leserlich geschrieben.)*
Comment ça s'écrit? *(Wie wird das geschrieben?)*

emmener *(mitnehmen)*

prés.: j'emmène, vous emmenez, ils/elles emmènent;
p. c.: j'ai emmené; *impf.:* j'emmenais; *plqpf.:* j'avais emmené;
fut.: j'emmènerai; *cond. I:* j'emmènerais; *cond. II:* j'aurais emmené; *subj.:* que j'emmène, que vous emmeniez

<u>emmener qn</u> *(jdn mitnehmen)*
Je peux vous emmener en voiture. *(Ich kann Sie im Auto mitnehmen.)*

Pouvez-vous m'emmener à la gare? *(Können Sie mich zum Bahnhof mitnehmen?)*

empêcher *(hindern)* *(vgl. aider)*

prés.: j'empêche;   *p. c.:* j'ai empêché

empêcher qn de f. qc *(jdn daran hindern, etw. zu tun)*
Ça m'a empêché de dormir. *(Das hat mich daran gehindert zu schlafen.)*

emporter *(mitnehmen)* *(vgl. aider)*

prés.: j'emporte;   *p. c.:* j'ai emporté

emporter qc *(etw. mitnehmen)*
Je vais acheter une pizza **à emporter**. *(Ich kaufe mir eine Pizza zum Mitnehmen.)*
Les inondations **ont emporté** des routes et des ponts. *(Die Überschwemmungen haben Straßen und Brücken mit sich gerissen.)*

énerver *(nervös machen)* *(vgl. aider)*

prés.: il/elle énerve;   *p. c.:* il/elle a énervé

énerver qn *(jdn nervös machen)*
Ça m'énerve. *(Das macht mich nervös.)*
Il/Elle m'énerve. *(Er/Sie geht mir auf die Nerven.)*
s'énerver *(sich aufregen)*
Ne t'énerve pas! *(Reg dich nicht auf!)*
Ne vous énervez pas! *(Regen Sie sich nicht auf!)*

s'ennuyer *(sich langweilen)*

prés.: je m'ennuie, nous nous ennuyons, ils/elles s'ennuient;
p. c.: je me suis ennuyé(e);   *impf.:* je m'ennuyais;   *plqpf.:* je m'étais ennuyé(e);   *fut.:* je m'ennuierai;   *cond. I:* je m'ennuierais;
cond. II: je me serais ennuyé(e);   *subj.:* que je m'ennuie, que nous nous ennuyions

Il/Elle s'ennuie. *(Er/Sie langweilt sich.)*
Je me suis ennuyé(e) toute la soirée. *(Ich habe mich den ganzen Abend gelangweilt.)*

entendre *(hören)*

prés.: j'entends, tu entends, il/elle entend, nous entendons, vous entendez, ils/elles entendent;
p. c.: j'ai entendu;   *impf.:* j'entendais;   *plqpf.:* j'avais entendu;
fut.: j'entendrai;   *cond. I:* j'entendrais;   *cond. II:* j'aurais entendu;
subj.: que j'entende

Il/Elle entend mal. *(Er/Sie hört schlecht.)*
Vous avez entendu ce bruit? *(Haben Sie dieses Geräusch gehört?)*
Qu'est-ce que vous entendez par là? *(Was meinen Sie damit?)*
<u>s'entendre bien avec qn</u> *(sich gut verstehen mit jdm)*
Je m'entends bien avec lui / avec elle. *(Ich verstehe mich gut mit ihm / mit ihr.)*

entrer *(eintreten)*

prés.: j'entre, tu entres, il/elle entre, nous entrons, vous entrez, ils/elles entrent;
p. c.: je suis entré(e);   *impf.:* j'entrais;   *plqpf.:* j'étais entré(e);
fut.: j'entrerai;   *cond. I:* j'entrerais;   *cond. II:* je serais entré(e);
subj.: que j'entre, que nous entrions

<u>entrer dans</u> *(hineingehen in, betreten)*
entrer dans un restaurant *(in ein Lokal gehen)*

Il/Elle est entré(e) sans frapper. *(Er/Sie ist eingetreten ohne anzuklopfen.)*
Entrez! *(Kommen Sie herein!)*

envoyer *(schicken)*

prés.: j'envoie, tu envoies, il/elle envoie, nous envoyons, vous envoyez, ils/elles envoient;
p. c.: j'ai envoyé; *impf.:* j'envoyais; *plqpf.:* j'avais envoyé; *fut.:* j'enverrai; *cond. I:* j'enverrais; *cond. II:* j'aurais envoyé; *subj.:* que j'envoie, que nous envoyions

Pouvez-vous m'envoyer ces documents? *(Können Sie mir diese Unterlagen zuschicken?)*
Je lui ai envoyé un e-mail. *(Ich habe ihm/ihr eine E-Mail geschickt.)*

épouser *(heiraten)* *(vgl. aider)*

prés.: j'épouse; *p. c.:* j'ai épousé

<u>épouser qn</u> *(jdn heiraten)*
Il a épousé une Américaine. *(Er hat eine Amerikanerin geheiratet.)*

espérer *(hoffen)*

prés.: j'espère, tu espères, il/elle espère, nous espérons, vous espérez, ils/elles espèrent;
p. c.: j'ai espéré; *impf.:* j'espérais; *plqpf.:* j'avais espéré; *fut.:* j'espérerai; *cond. I:* j'espérerais; *cond. II:* j'aurais espéré; *subj.:* que j'espère, que nous espérions

J'espère qu'elle viendra *(fut.)*. *(Ich hoffe, sie kommt.)*
Je l'espère. *(Ich hoffe es.)*

essayer *(versuchen)*

prés.: j'essaie, tu essaies, il/elle essaie, nous essayons, vous essayez, ils/elles essaient
p. c.: j'ai essayé; *impf.:* j'essayais; *plqpf.:* j'avais essayé; *fut.:* j'essaierai; *cond. I:* j'essaierais; *cond. II:* j'aurais essayé; *subj.:* que j'essaie, que nous essayions

J'ai tout essayé. *(Ich habe alles versucht.)*
essayer de f. qc *(versuchen, etw. zu tun)*
J'ai essayé de le/la calmer. *(Ich habe versucht, ihn/sie zu beruhigen.)*

éteindre *(löschen)*

prés.: j'éteins, tu éteins, il/elle éteint, nous éteignons, vous éteignez, ils/elles éteignent;
p. c.: j'ai éteint; *impf.:* j'éteignais; *plqpf.:* j'avais éteint; *fut.:* j'éteindrai; *cond.I:* j'éteindrais; *cond. II:* j'aurais éteint; *subj.:* que j'éteigne

Quand vous éteignez la lumière, ... *(Wenn Sie das Licht ausschalten, ...)*
J'ai éteint le chauffage. *(Ich habe die Heizung ausgeschaltet.)*
On n'a pas pu éteindre le feu. *(Man konnte das Feuer nicht löschen.)*
s'éteindre *(ausgehen)*
La lumière **s'est éteinte**. *(Das Licht ist ausgegangen.)*

étudier *(studieren, untersuchen)* *(vgl.* aider*)*

prés.: j'étudie; *p. c.:* j'ai étudié

Il/Elle étudie à l'université de Londres. *(Er/Sie studiert in London.)*
pour étudier ce phénomène ... *(... um dieses Phänomen zu untersuchen)*

éviter *(vermeiden)* *(vgl. aider)*

prés.: j'évite; *p. c.:* j'ai évité

éviter qc *(etw. vermeiden)*
Il/Elle a évité un accident. *(Er/Sie hat einen Unfall vermieden.)*
éviter de f. qc *(vermeiden, etw. zu tun)*
Il/Elle a évité de répondre à mes questions. *(Er/Sie hat es vermieden, meine Fragen zu beantworten.)*

exprimer *(ausdrücken)* *(vgl. aider)*

prés.: j'exprime; *p. c.:* j'ai exprimé

exprimer qc *(etw. ausdrücken)*
exprimer son opinion *(seine Meinung äußern)*
s'exprimer *(sich ausdrücken)*
Comment m'exprimer? *(Wie soll ich mich ausdrücken?)*
Il/Elle s'exprime mal. *(Er/Sie drückt sich schlecht aus.)*

F

faire *(machen, tun)*

prés.: je fais, tu fais, il/elle fait, nous faisons, vous faites, ils/elles font;
p. c.: j'ai fait; *impf.:* je faisais; *plqpf.:* j'avais fait; *fut.:* je ferai; *cond. I:* je ferais; *cond. II:* j'aurais fait; *subj.:* que je fasse

Qu'est-ce que **vous faites** comme métier? *(Was machen Sie beruflich?)*
Qu'est-ce que **tu as fait**? *(Was hast du gemacht?)*
Je voulais voir ce qu'**il faisait**. *(Ich wollte mal sehen, was er machte.)*
Je ferai ce que je peux. *(Ich tue, was ich kann.)*
A ta place, **je ne ferais rien**. *(An deiner Stelle würde ich nichts tun.)*
A ta place, **j'aurais fait** plus de sport. *(An deiner Stelle hätte ich mehr Sport getrieben.)*
Il faut que tu fasses vite. *(Du musst dich beeilen.)*

féliciter *(gratulieren)* *(vgl. aider)*

prés.: je félicite; *p. c.:* j'ai félicité

<u>féliciter qn pour/de qc</u> *(jdm zu etw. gratulieren)*
Je vous félicite pour/de votre succès. *(Ich gratuliere Ihnen zu Ihrem Erfolg.)*

finir *(beenden)*

prés.: je finis, tu finis, il/elle finit, nous finissons, vous finissez, ils/elles finissent;
p. c.: j'ai fini; *impf.:* je finissais; *plqpf.:* j'avais fini; *fut.:* je finirai; *cond. I:* je finirais; *cond. II:* j'aurais fini; *subj.:* que je finisse

finir *(enden, zu Ende gehen)*
Le film **a fini**. *(Der Film ist fertig / ist zu Ende.)*
J'ai fini. *(Ich bin fertig.)*
finir qc *(etw. beenden)*
J'ai fini mon travail. *(Ich bin mit meiner Arbeit fertig.)*
finir de f. qc *(aufhören, etw. zu tun)*
J'ai fini de manger. *(Ich bin mit dem Essen fertig.)*

H

s'habiller *(sich anziehen)*

prés.: je m'habille; *p. c.*: je me suis habillé(e)

Elle s'habille à la mode. *(Sie geht mit der Mode.)*
Je me suis vite **habillé(e)**. *(Ich habe mich schnell angezogen.)*
Comment je vais m'habiller aujourd'hui? *(Was soll ich heute anziehen?)*

habiter *(wohnen)* *(vgl.* aider*)*

prés.: j'habite; *p. c.*: j'ai habité

J'habite à Munich / à la campagne /dans une vieille maison / au troisième étage. *(Ich wohne in München / auf dem Lande / in einem alten Haus / im 3. Stock.)*

s'habituer *(sich gewöhnen)*

prés.: je m'habitue; *p. c.*: je me suis habitué(e)

s'habituer à qc / à qn *(sich an etw. / an jdn gewöhnen)*
On s'habitue à tout. *(Man gewöhnt sich an alles.)*
Je ne m'habitue pas à mes lentilles de contact. *(Ich kann mich nicht an meine Kontaktlinsen gewöhnen.*
Je me suis habitué(e) au bruit. *(Ich habe mich an den Lärm gewöhnt.)*

hésiter *(zögern)* *(vgl.* aider*)*

prés.: j'hésite; *p. c.*: j'ai hésité

hésiter à f. qc *(zögern, etw. zu tun)*
Il/Elle est venu(e) **sans hésiter**. *(Er/Sie ist ohne zu zögern gekommen.)*

Il/Elle n'a pas hésité à m'aider. *(Er/Sie hat nicht gezögert, mir zu helfen.)*

I

il faut *(man muss)*

prés.: il faut; *p.c.:* il a fallu; *impf.:* il fallait; *fut.:* il faudra; *cond. I:* il faudrait

il faut f. qc *(man muss etw. tun)*
Il faut travailler plus. *(Man muss mehr arbeiten.)*
il ne faut pas f. qc *(man darf/soll etw. nicht tun)*
Il ne faut pas mentir. *(Man darf/soll nicht lügen.)*
Il faut que je ...*(+ subj.)* *(ich muss (+ inf.))*
Il faut que je parte maintenant. *(Ich muss jetzt gehen.)*
Il me faut qc *(ich brauche etw.)*
Il me faut / **Il nous faut** plus de temps. *(Ich brauche / Wir brauchen mehr Zeit.)*
Il lui faut plus d'argent. *(Er/Sie braucht mehr Geld.)*

il vaut mieux *(es ist besser)*

prés.: il vaut; *p.c.:* il a valu; *impf.:* il valait; *fut.:* il vaudra; *cond. I:* il vaudrait

il vaut mieux f. qc *(es ist besser, etw. zu tun)*
Il vaut mieux attendre un peu. *(Es ist besser, noch etwas zu warten.)*
Il vaut mieux que ... *(+ subj.)* *(es ist besser, wenn ...)*
Il vaut mieux que tu dises la vérité. *(Es ist besser, wenn du die Wahrheit sagst. / Du solltest lieber die Wahrheit sagen.)*
Il vaudrait mieux que tu viennes tout de suite. *(Es wäre besser, du kommst sofort.)*
Ça vaut la peine d'y aller. *(Das lohnt sich, dahin zu gehen.)*
Ça ne vaut pas la peine d'y aller. *(Das lohnt sich nicht, dahin zu gehen.)*

informer *(informieren)* *(vgl. aider)*

prés.: j'informe; *p. c.:* j'ai informé

informer qn de qc *(jdn über etw. informieren)*
Je vais vous informer de mon départ. *(Ich werde Sie über meine Abreise informieren.)*

s'inquiéter *(sich Sorgen machen)*

prés.: je m'inquiète, tu t'inquiètes, il/elle s'inquiète, nous nous inquiétons, vous vous inquiétez, ils/elles s'inquiètent;
p. c.: je me suis inquiété(e)

s'inquiéter pour qn / pour qc *(sich um jdn / um etw. Sorgen machen)*
Je m'inquiète pour ma fille / pour ma santé. *(Ich mache mir Sorgen um meine Tochter / um meine Gesundheit.)*
Ne vous inquiétez pas! *(Machen Sie sich keine Sorgen!)*
Ne t'inquiète pas! *(Mach dir keine Sorgen!)*

interdire *(verbieten)*

prés.: j'interdis, tu interdis, il/elle interdit, nous interdisons, vous interdites, ils/elles interdisent;
p. c.: j'ai interdit; *impf.:* j'interdisais; *plqpf.:* j'avais interdit;
fut.: j'interdirai; *cond. I:* j'interdirais; *cond. II:* j'aurais interdit;
subj.: que j'interdise

interdire à qn de f. qc *(jdm verbieten, etw. zu tun)*
Il/Elle m'interdit de voir mes amis. *(Er/Sie verbietet mir, mich mit meinen Freunden zu treffen.)*
Tout est interdit. *(Alles ist verboten.)*
Il est interdit de fumer. *(Rauchen ist verboten.)*

intéresser *(interessieren)*

prés.: ça intéresse; *p. c.:* ça a intéressé; *impf.:* ça intéressait; *plqpf.:* ça avait intéressé; *fut.:* ça intéressera; *cond. I:* ça intéresserait; *cond. II:* ça aurait intéressé; *subj.:* que ça intéresse

intéresser qn *(jdn interessieren)*
Ça m'intéresse beaucoup. *(Das interessiert mich sehr.)*
s'intéresser à qc / à qn *(sich für etw. / für jdn interessieren)*
Je ne m'intéresse pas à la politique / au football. *(Ich interessiere mich nicht für Politik / für Fußball.)*
Elle ne s'intéresse pas à moi. *(Sie interessiert sich nicht für mich.)*

interrompre *(unterbrechen)*

prés.: j'interromps, tu interromps, il/elle interrompt, nous interrompons, vous interrompez, ils/elle interrompent;
p. c.: j'ai interrompu; *impf.:* j'interrompais; *plqpf.:* j'avais interrompu; *fut.:* j'interromprai; *cond. I:* j'interromprais; *cond. II:* j'aurais interrompu; *subj.:* que j'interrompe

interrompre qn *(jdn unterbrechen)*
Il/Elle m'interrompt sans cesse. *(Er/Sie unterbricht mich dauernd.)*
interrompre qc *(etw. abbrechen)*
J'ai interrompu la conversation. *(Ich habe das Gespräch abgebrochen.)*

J

jeter *(werfen)*

prés.: je jette, tu jettes, il/elle jette, nous jetons, vous jetez, ils/elles jettent;
p.c.: j'ai jeté; *impf.:* je jetais; *plqpf.:* j'avais jeté; *fut.:* je jetterai; *cond. I:* je jetterais; *cond. II:* j'aurais jeté; *subj.:* que je jette, que nous jetions

jeter à la poubelle *(in den Mülleimer werfen)*
se jeter *(sich stürzen)*
Il/Elle s'est jeté(e) de la fenêtre. *(Er/Sie hat sich aus dem Fenster gestürzt.)*

jouer *(spielen)* *(vgl. aider)*

prés.: je joue; *p. c.:* j'ai joué

Qu'est-ce qu'on joue au cinéma? *(Was gibt es im Kino?)*
jouer à qc *(spielen: Sportart/Spiel)*
Je joue au football / aux cartes. *(Ich spiele Fußball/Karten.)*
jouer de qc *(spielen: Instrument)*
Il/Elle joue de la guitare / du piano. *(Er/Sie spielt Gitarre/Klavier.)*

juger *(urteilen, beurteilen)* *(vgl. aider)*

prés.: je juge; *p. c.:* j'ai jugé

Il est mal jugé par la société. *(Er wird von der Gesellschaft schlecht beurteilt.)*
Elle est jugée injustement. *(Sie wird ungerecht beurteilt.)*
juger de qc *(etw. beurteilen)*
Je ne peux pas juger de son travail. *(Ich kann seine/ihre Arbeit nicht beurteilen.)*

L

laisser *(lassen)* *(vgl.* aider*)*

prés.: je laisse; *p. c.:* j'ai laissé

Elle ne me laisse pas tranquille. *(Sie lässt mich nicht in Ruhe.)*
laisser qn f. qc *(jdn etw. tun lassen)*
Il ne me laisse pas voir ma fille. *(Er lässt mich nicht meine Tochter sehen.)*
laisser qc à qn *(jdm etw. überlassen)*
Je lui ai laissé ma voiture. *(Ich habe ihm/ihr meinen Wagen überlassen.)*

laver *(waschen)* *(vgl.* aider*)*

prés.: je lave; *p. c.:* j'ai lavé

laver la vaisselle *(das Geschirr spülen)*
J'ai lavé mon pull à la main. *(Ich habe meinen Pulli mit der Hand gewaschen.)*
se laver *(sich waschen)*
Je vais me laver les mains. *(Ich will mir die Hände waschen.)*
Je me suis lavé les mains. *(Ich habe mir die Hände gewaschen.)*

lever *(hochheben)*

prés.: je lève, tu lèves, il/elle lève, nous levons, vous levez, ils/elles lèvent;
p. c.: j'ai levé; *impf.:* je levais; *plqpf.:* j'avais levé; *fut.:* je lèverai; *cond. I:* je lèverais; *cond. II:* j'aurais levé; *subj.:* que je lève, que nous levions

Je ne peux pas lever mon bras droit. *(Ich kann meinen rechten Arm nicht hochheben.)*
se lever *(aufstehen)*

A quelle heure est-ce que **vous vous levez**? *(Um wie viel Uhr stehen Sie auf?)*
Je me suis levé(e) à six heures. *(Ich bin um 6 Uhr aufgestanden.)*

lire *(lesen)*

prés.: je lis, tu lis, il/elle lit, nous lisons, vous lisez, ils/elles lisent; *p. c.:* j'ai lu; *impf.:* je lisais; *plqpf.:* j'avais lu; *fut.:* je lirai; *cond. I:* je lirais; *cond. II:* j'aurais lu; *subj.:* que je lise

Je lis très lentement. *(Ich lese sehr langsam.)*
Vous avez déjà **lu** ce livre? *(Haben Sie dieses Buch schon gelesen?)*

M

manger *(essen)*

prés.: je mange, tu manges, il/elle mange, nous mangeons ("e" steht vor „o"), vous mangez, ils/elles mangent;
p. c.: j'ai mangé; *impf.:* je mangeais ("e" steht vor „a"); *plqpf.:* j'avais mangé; *fut.:* je mangerai; *cond. I:* je mangerais; *cond. II:* j'aurais mangé; *subj.:* que je mange

Qu'est-ce qu'il y a à manger? *(Was gibt es zu essen?)*
J'ai trop **mangé**. *(Ich habe zu viel gegessen.)*

manquer *(fehlen)*

prés.: il manque; *p. c.:* il a manqué; *impf.:* il manquait; *plqpf.:* il avait manqué; *fut.:* il manquera; *cond. I:* il manquerait; *cond. II:* il aurait manqué; *subj.:* qu'il manque

<u>manquer à qn</u> *(jdm fehlen)*
Mes parents **me manquent**. *(Meine Eltern fehlen mir.)*
<u>manquer de qc</u> *(etw. nicht haben)*
Il/Elle manque d'argent / de courage. *(Er/Sie hat kein Geld / keinen Mut.)*
<u>il manque à qn</u> *(es fehlt jdm etwas)*
Il me manque une photo. *(Es fehlt mir ein Foto.)*
Ça m'a beaucoup **manqué**. *(Das hat mir sehr gefehlt.)*

se marier *(heiraten)*

prés.: je me marie; *p. c.:* je me suis marié(e); *impf.:* je me mariais; *plqpf.:* je m'étais marié(e); *fut.:* je me marierai; *cond. I:* je me marierais; *cond. II:* je me serais marié(e); *subj.:* que je me marie

<u>se marier avec qn</u> *(jdn heiraten)*
Elle s'est mariée avec un étranger. *(Sie hat einen Ausländer geheiratet.)*
Je me marierai en octobre. *(Ich werde im Oktober heiraten.)*
se marier à l'église *(sich kirchlich trauen lassen)*

se méfier *(misstrauen)*

prés.: je me méfie; *p. c.:* je me suis méfié(e)

<u>se méfier de qn / de qc</u> *(jdm / einer Sache misstrauen)*
Je me méfie de lui / d'elle / des banquiers. *(Ich misstraue ihm / ihr / den Bankern.*
Je me suis méfié(e) de ce projet. *(Ich habe diesem Plan nicht getraut.)*

menacer *(drohen)*

prés.: je menace; *p. c.:* j'ai menacé; *impf.:* je menaçais; *plqpf.:* j'avais menacé; *fut.:* menacerai; *cond. I:* je menacerais; *cond. II:* j'aurais menacé; *subj.:* que je menace

Cela menace toute la ville. *(Dies bedroht die ganze Stadt.)*
<u>menacer qn de f. qc</u> *(jdm drohen, etw. zu tun)*
Je l'ai menacé(e) d'appeler la police. *(Ich habe ihm/ihr gedroht, die Polizei zu rufen.)*

mener *(führen)*

prés.: je mène, tu mènes, il/elle mène, nous menons, vous menez, ils/elles mènent;
p. c.: j'ai mené; *impf.:* je menais; *plqpf.:* j'avais mené; *fut.:* je mènerai; *cond. I:* je mènerais; *cond. II:* j'aurais mené; *subj.:* que je mène, que nous menions

Il m'a mené(e) à un endroit inconnu. *(Er hat mich zu einem unbekannten Ort geführt.)*
Ça ne mène à rien. *(Das führt zu nichts.)*
Cette rue **mène à la gare**. *(Diese Straße führt zum Bahnhof.)*

mentir *(lügen)*

prés.: je mens, tu mens, il/elle ment, nous mentons, vous mentez, ils/elles mentent;
p. c.: j'ai menti; *impf.:* je mentais; *plqpf.:* j'avais menti; *fut.:* je mentirai; *cond. I:* je mentirais; *cond. II:* j'aurais menti; *subj.:* que je mente

mentir à qn *(jdn belügen)*
Il/Elle ment quand il/elle dit que … *(Er/Sie lügt, wenn er/sie sagt, dass …)*
Il/Elle m'a menti(e). *(Er/Sie hat mich belogen.)*

mettre *(legen, stellen, setzen)*

prés.: je mets, tu mets, il/elle met, nous mettons, vous mettez, ils/elles mettent;
p. c.: j'ai mis; *impf.:* je mettais; *plqpf.:* j'avais mis; *fut.:* je mettrai; *cond. I:* je mettrais; *cond. II:* j'aurais mis; *subj.:* que je mette

J'ai mis beaucoup d'argent dans ma voiture. *(Ich habe viel Geld in mein Auto gesteckt.)*
mettre dix minutes à f. qc *(10 Minuten brauchen, um etw. zu tun)*
Je mets deux heures à finir ce travail. *(Ich brauche 2 Stunden, um mit dieser Arbeit fertig zu werden.)*
se mettre *(sich setzen)*
Je me mets à côté de vous. *(Ich setze/stelle mich neben Sie.)*
se mettre à qc *(sich an etw. machen/begeben)*
Je vais me mettre au travail. *(Ich mache mich jetzt an die Arbeit.)*

<u>se mettre à f. qc</u> *(anfangen, etw. zu tun)*
Il s'est mis à pleuvoir. *(Es hat angefangen zu regnen.)*

monter *(hinaufgehen)*

prés.: je monte;   *p. c.:* je suis monté(e)

Je suis monté(e) l'escalier. *(Ich bin die Treppe hochgestiegen.)*
Je suis monté(e) par l'ascenseur. *(Ich bin mit dem Aufzug hochgefahren.)*
Ça m'est monté à la tête. *(Das ist mir zu Kopf gestiegen.)*

se moquer *(sich lustig machen)*

prés.: je me moque;   *p. c.:* je me suis moqué(e)

<u>se moquer de qn / de qc</u> *(sich über jdn / über etw. lustig machen)*
Elle se moque de lui. *(Sie macht sich über ihn lustig.)*
Il se moque d'elle. *(Er macht sich über sie lustig.)*
Il se moque de sa naïveté. *(Er macht sich über ihre Naivität lustig.)*

mourir *(sterben)*

prés.: je meurs, tu meurs, il/elle meurt, nous mourons, vous mourez, ils/elles meurent;
p. c.: je suis mort(e);   *impf.:* je mourais;   *fut.:* je mourrai;   *cond. I:* je mourrais;   *subj.:* que je meure, que nous mourions

<u>mourir de qc</u> *(an etw. sterben)*
Elle meurt de peur. *(Sie vergeht fast vor Angst.)*
Il/Elle est mort(e) d'un cancer. *(Er/Sie ist an Krebs gestorben.)*

O

obtenir *(erhalten, erreichen)*

prés.: j'obtiens, tu obtiens, il/elle obtient, nous obtenons, vous obtenez, ils/elles obtiennent;
p. c.: j'ai obtenu; *impf.:* j'obtenai; *plqpf.:* j'avais obtenu; *fut.:* j'obtiendrai; *cond. I:* j'obtiendrais; *cond. II:* j'aurais obtenu; *subj.:* que j'obtienne, que nous obtenions

Il obtient tout sans travail. *(Er erreicht alles ohne Arbeit.)*
Vous obtiendrez un bon résultat. *(Sie werden ein gutes Ergebnis erzielen.)*
J'ai obtenu tout ce que je voulais. *(Ich habe alles erreicht, was ich wollte.)*

s'occuper *(sich kümmern)*

prés.: je m'occupe; *p. c.:* je me suis occupé(e)

s'occuper de qn / de qc *(sich um jdn / um etw. kümmern)*
Elle s'occupe beaucoup de ses enfants. *(Sie kümmert sich sehr um ihre Kinder.)*
Je m'en occupe. *(Ich kümmere mich darum.)*
Je me suis déjà **occupé(e)** des bagages. *(Ich habe mich schon um das Gepäck gekümmert.)*

offrir *(schenken, anbieten)*

prés.: j'offre, tu offres, il/elle offre, nous offrons, vous offrez, ils/elles offrent;
p. c.: j'ai offert; *impf.:* j'offrais; *plqpf.:* j'avais offert; *fut.:* j'offrirai; *cond. I:* j'offrirais; *cond. II:* j'aurais offert; *subj.:* que j'offre

Qu'est-ce que **je peux vous offrir**? *(Was darf ich Ihnen anbieten?)*
Il/Elle m'a offert son aide. *(Er/Sie hat mir seine/ihre Hilfe angeboten.)*
Je lui ai offert un smartphone pour son anniversaire. *(Ich habe ihm/ihr ein Smartphone zum Geburtstag geschenkt.)*

ouvrir *(öffnen)*

prés.: j'ouvre, tu ouvres, il/elle ouvre, nous ouvrons, vous ouvrez, ils/elles ouvrent;

p. c.: j'ai ouvert; *impf.:* j'ouvrais; *plqpf.:* j'avais ouvert; *fut.:* j'ouvrirai; *cond. I:* j'ouvrirais; *cond. II:* j'aurais ouvert; *subj.:* que j'ouvre

Tu m'ouvres la porte, s'il te plaît? *(Machst du mir mal bitte die Tür auf?)*
Je peux ouvrir la fenetre? *(Darf ich das Fenster öffnen?)*
Le magasin **est ouvert**. *(Das Geschäft hat geöffnet / ist offen.)*

P

paraître *(scheinen, erscheinen)*

prés.: il paraît, ils paraissent; *p.c.:* il a paru

Ça me paraît très difficile. *(Das scheint mir sehr schwierig zu sein.)*
Il paraît qu'elle est partie en vacances. *(Es scheint, dass sie in Urlaub gefahren ist.)*
Il/Elle ne paraît pas très intelligent(e). *(Er/Sie sieht nicht sehr intelligent aus.)*
Le temps **m'a paru** très long. *(Die Zeit ist mir sehr lang vorgekommen.)*
Ce livre **est paru** il y a peu de temps. *(Dieses Buch ist vor kurzem erschienen.)*

parler *(sprechen)* *(vgl.* aider*)*

prés.: je parle; *p. c.:* j'ai parlé

<u>parler à qn</u> *(mit jdm sprechen)*
J'ai parlé à mon père / à ma mère. *(Ich habe mit meinem Vater / mit meiner Mutter gesprochen.)*
Je lui ai parlé de tout. *(Ich habe mit ihm / mit ihr über alles gesprochen.)*
Il m'a parlé de son voyage. *(Er hat mir von seiner Reise erzählt.)*
On m'a beaucoup **parlé de** vous. *(Man hat mir viel von Ihnen erzählt.)*
J'en ai longuement **parlé** avec lui / avec elle. *(Ich habe lang und breit mit ihm / mit ihr darüber gesprochen/diskutiert.*

participer *(teilnehmen)* *(vgl. aider)*

prés.: je participe; *p. c.:* j'ai participé

<u>participer à qc</u> *(an etw. teilnehmen)*
participer au voyage *(an der Reise teilnehmen)*
Tu as participé à la manifestation? *(Hast du an der Demonstration teilgenommen?)*

partir *(weggehen, wegfahren)*

prés.: je pars, tu pars, il/elle part, nous partons, vous partez, ils/elles partent;
p. c.: je suis parti(e); *impf.:* je partais; *plqpf.:* j'étais parti(e);
fut.: je partirai; *cond. I:* je partirais; *cond. II:* je serais parti(e);
subj.: que je parte

Je pars demain en vacances. *(Ich fahre morgen in Urlaub.)*
Il faut que je parte *(subj.)* maintenant. *(Ich muss jetzt gehen.)*
Elle est déjà **partie**. *(Sie ist schon weg.)*

passer *(verbringen, vorübergehen)*

prés.: je passe; *p. c.:* j'ai passé / je suis passé(e)

<u>passer</u> *(verbringen)*
Il passe tout son temps sur l'ordinateur. *(Er verbringt seine ganze Zeit am Computer.)*
Elle a passé un an en Italie. *(Sie hat ein Jahr in Italien verbracht.)*
<u>passer</u> *(vorübergehen (Zeit))*
Ça va passer. *(Das geht vorüber. / Das hört bald auf.)*
Le temps est vite passé. *(Die Zeit ist schnell vorübergegangen.)*
<u>passer par</u> *(fahren über)*
Je suis passé(e) par Paris. *(Ich bin über Paris gefahren.)*
<u>se passer</u> *(passieren, sich ereignen)*
Comment ça s'est passé? *(Wie ist das passiert?)*
Il s'est passé un accident. *(Es ist ein Unfall passiert.)*

payer *(bezahlen)*

prés.: je paie, tu paies, il/elle paie, nous payons, vous payez, ils/elles paient
p. c.: j'ai payé; *impf.:* je payais; *plqpf.:* j'avais payé; *fut.:* je paierai; *cond. I:* je paierais; *cond. II:* j'aurais payé; *subj.:* que je paie, que nous payions

Je paie avec ma carte bancaire / avec ma carte de credit. *(Ich bezahle mit meiner EC-Karte / mit meiner Kreditkarte.)*
Combien avez-vous payé votre voyage? *(Wie viel haben Sie für Ihre Reise bezahlt?)*

perdre *(verlieren)*

prés.: je perds, tu perds, il/elle perd, nous perdons, vous perdez, ils/elles perdent;
p. c.: j'ai perdu; *impf.:* je perdais; *plqpf.:* j'avais perdu; *fut.:* je perdrai; *cond. I:* je perdrais; *cond. II:* j'aurais perdu; *subj.:* que je perde

Il ne faut pas perdre courage. *(Man darf den Mut nicht sinken lassen.)*
Je perds mes cheveux. *(Ich verliere meine Haare.)*
Il/Elle a perdu tout son argent. *(Er/Sie hat sein/ihr ganzes Geld verloren.)*

permettre *(erlauben)*

prés.: je permets, tu permets, il/elle permet, nous permettons, vous permettez, ils/elles permettent;
p. c.: j'ai permis; *impf.:* je permettais; *plqpf.:* j'avais permis; *fut.:* je permettrai; *cond. I:* je permettrais; *cond. II:* j'aurais permis; *subj.:* que je permette

<u>permettre à qn de f. qc</u> *(jdm erlauben, etw. zu tun)*
Permettez-moi de vous présenter mon frère. *(Darf ich Ihnen meinen Bruder vorstellen?)*
Cela vous permet de rester en contact. *(Das ermöglicht Ihnen, in Kontakt zu bleiben.)*
Il n'est pas permis de fumer ici. *(Man darf hier nicht rauchen.)*

se plaindre *(sich beklagen)*

prés.: je me plains, tu te plains, il/elle se plaint, nous nous plaignons, vous vous plaignez, ils/elles se plaignent;
p. c.: je me suis plaint(e); *impf.:* je me plaignais; *plqpf.:* je m'étais plaint(e); *fut.:* je me plaindrai; *cond. I:* je me plaindrais; *cond. II:* je me serais plaint(e); *subj.:* que je me plaigne

<u>se plaindre de qc / de qn</u> *(sich über etw. / über jdn beklagen)*
Il se plaint toujours. Il n'est jamais content. *(Er klagt immer. Er ist nie zufrieden.)*
Je ne me plains pas. *(Ich beklage mich nicht.)*
Elle se plaint d'être maltraitée. *(Sie klagt darüber, dass sie schlecht behandelt wird.)*
Elle s'est plainte de son chef. *(Sie hat sich über ihren Chef beklagt.)*

plaire *(gefallen)*

prés.: cela plaît; *p. c.:* cela a plu

Ça me plaît beaucoup. *(Das gefällt mir sehr.)*
Est-ce que **cette musique vous plaît**? *(Gefällt Ihnen diese Musik?)*
Ça ne me plaît pas. *(Das gefällt mir nicht.)*
Ça m'a beaucoup **plu.** *(Das hat mir sehr gefallen.)*

pleuvoir *(regnen)*

prés.: il pleut;   *p. c.:* il a plu;   *impf.:* il pleuvait;   *plqpf.:* il avait plu;
fut.: il pleuvra;   *cond. I:* il pleuvrait;   *subj.:* qu'il pleuve

Il pleut tout le temps. *(Es regnet die ganze Zeit.)*
Il a beaucoup **plu** ces derniers temps. *Es hat in der letzten Zeit viel geregnet.)*

pouvoir *(können)*

prés.: je peux, tu peux, il/elle peut, nous pouvons, vous pouvez, ils/elles peuvent;
p. c.: j'ai pu;   *impf.:* je pouvais;   *plqpf.:* j'avais pu;   *fut.:* je pourrai;
cond. I: je pourrais;   *cond. II:* j'aurais pu;   *subj.:* que je puisse

Je ne peux pas venir. *(Ich kann nicht kommen.)*
Pouvez-vous m'aider, s'il vous plaît? *(Können Sie mir bitte helfen?)*
Ça peut encore durer longtemps. *(Das kann noch lange dauern.)*
Je voulais venir, mais **je n'ai pas pu**. *(Ich wollte kommen, aber ich konnte nicht.)*
Si je pouvais, je viendrais. *(Wenn ich könnte, würde ich kommen.)*
Pourriez-vous me donner votre numéro de portable *(Könnten Sie mir Ihre Handynummer geben?)*
Je n'aurais pas pu faire ça. *(Ich hätte das nicht machen können.)*
… **pour que je puisse** faire ça. *(… damit ich das machen kann.)*

préférer *(vorziehen, lieber haben)*

prés.: je préfère, tu préfères, il/elle préfère, nous préférons, vous préférez, ils/elles préfèrent;
p. c.: j'ai préféré;   *impf.:* je préférais;   *plqpf.:* j'avais préféré;   *fut.:* je préférerai;   *cond. I:* je préférerais;   *cond. II:* j'aurais préféré;
subj.: que je préfère, que nous préférions

préférer qc *(etw. vorziehen)*
Je préfère le train. *(Ich fahre lieber mit dem Zug.)*
préférer f. qc *(lieber etw. tun)*
Je préfère rester chez moi. *(Ich bleibe lieber zu Hause.)*
Je préfère que … *(Es ist mir lieber, wenn …)*
Je préfère que tu viennes *(subj.)* plus tôt. *(Es ist mir lieber, wenn du früher kommst.)*

prendre *(nehmen)*

prés.: je prends, tu prends, il/elle prend, nous prenons, vous prenez, ils/elles prennent;
p. c.: j'ai pris; *impf.:* je prenais; *plqpf.:* j'avais pris; *fut.:* je prendrai; *cond. I:* je prendrais; *cond. II:* j'aurais pris; *subj.:* que je prenne, que nous prenions

Qu'est-ce que **vous prenez**? *(Was nehmen Sie?)*
Tu peux venir me prendre en voiture? *(Kannst du mich mit dem Wagen abholen?)*
J'ai pris la voiture. *(Ich bin mit dem Auto gefahren/gekommen.)*
A votre place, **je ne prendrais pas** ce risque. *(An Ihrer Stelle würde ich dieses Risiko nicht eingehen.)*
Il faut que je prenne une décision. *(Ich muss eine Entscheidung treffen.)*

produire *(herstellen, hervorrufen)*

prés.: je produis, tu produis, il/elle produit, nous produisons, vous produisez, ils/elles produisent;
p. c.: j'ai produit; *impf.:* je produisais; *plqpf.:* j'avais produit; *fut.:* je produirai; *cond. I:* je produirais; *cond. II:* j'aurais produit; *subj.:* que je produise

Les panneaux solaires **produisent** de l'électricité. *(Die Sonnenkollektoren produzieren Strom.)*
Cela a produit une grande augmentation de la température. *(Dies hat eine starke Erhöhung der Temperatur verursacht.)*

se promener *(spazieren gehen)*

prés.: je me promène, tu te promènes, il/elle se promène, nous nous promenons, vous vous promenez, ils/elles se promènent;
p. c.: je me suis promené(e); *impf.:* je me promenais; *plqpf.:* je m'étais promené(e); *fut.:* je me promènerai; *cond. I:* je me promènerais; *cond. II:* je me serais promené(e); *subj.:* que je me promène, que nous nous promenions

Je vais me promener un peu. *(Ich gehe ein wenig spazieren.)*
Je me suis promené(e) en voiture. *(Ich habe eine Spazierfahrt gemacht.)*

promettre *(versprechen)*

prés.: je promets, tu promets, il/elle promet, nous promettons, vous promettez, ils/elles promettent;
p. c.: j'ai promis; *impf.:* je promettais; *plqpf.:* j'avais promis; *fut.:* je promettrai; *cond. I:* je promettrais; *cond. II:* j'aurais promis; *subj.:* que je promette

promettre à qn de f. qc *(jdm versprechen, etw. zu tun)*
Je vous promets de m'occuper de ce problème. *(Ich verspreche Ihnen, dass ich mich um dieses Problem kümmere.)*
Il/Elle m'a promis de venir. *(Er/Sie hat mir versprochen zu kommen.)*
Je lui ai promis de ne rien dire. *(Ich habe ihm/ihr versprochen, nichts zu sagen.*

protéger *(schützen)*

prés.: je protège, tu protèges, il/elle protège, nous protégeons ("e" steht vor „o"), vous protégez, ils/elles protègent;
p. c.: j'ai protégé;   *impf.:* je protégeais ("e" steht vor „a");   *plqpf.:* j'avais protégé;   *fut.:* je protégerai;   *cond. I:* je protégerais;
cond. II: j'aurais protégé;   *subj.:* que je protège, que nous protégions

protéger de / contre *(schützen vor / gegen*
protéger la nature contre la pollution *(die Natur gegen die Verschmutzung schützen)*
protéger le visage du soleil *(das Gesicht vor der Sonne schützen)*

R

rappeler *(zurückrufen)*

prés.: je rappelle, tu rappelles, il/elle rappelle, nous rappelons, vous rappelez, ils/elles rappellent;
p. c.: j'ai rappelé; *impf.:* je rappelais; *plqpf.:* j'avais rappelé; *fut.:* je rappellerai; *cond I:* je rappellerais; *cond. II:* j'aurais rappelé; *subj.:* que je rappelle, que nous rappelions

rappeler *(zurückrufen)*
Je vous rappelle dans dix minutes. *(Ich rufe Sie in 10 Minuten zurück.)*

rappeler qc à qn *(jdn an etw. erinnern)*
Ça me rappelle mon enfance. *(Das erinnert mich an meine Kindheit.)*

se rappeler qc / de qc *(sich an etw. erinnern)*
se rappeler qn / de qn *(sich an jdn erinnern)*
Je me rappelle très bien **de** ce moment. *(Ich erinnere mich noch sehr gut an diesen Moment.)*
Je m'en rappelle très bien. *(Ich erinnere mich noch sehr gut daran.)*
Je ne me rappelle plus son nom. *(Ich kann mich nicht mehr an seinen/ihren Namen erinnern.)*
Je me rappelle très bien **de lui** / d'elle. *(Ich erinnere mich noch sehr gut an ihn / an sie.)*

réagir *(reagieren)*

prés.: je réagis, tu réagis, il/elle réagit, nous réagissons, vous réagissez, ils/elles réagissent;
p. c.: j'ai réagi; *impf.:* je réagissais; *plqpf.:* j'avais réagi; *fut.:* je réagirai; *cond. I:* je réagirais; *cond. II:* j'aurais réagi; *subj.:* que je réagisse

<u>réagir à qc</u> *(auf etw. reagieren)*
Il/Elle réagit de façon allergique à la critique. *(Er/Sie reagiert allergisch auf Kritik.)*
Comment avez-vous réagi? *(Wie haben Sie darauf reagiert?)*

recevoir *(erhalten, bekommen)*

prés.: je reçois, tu reçois, il/elle reçoit, nous recevons, vous recevez, ils/elles reçoivent;
p. c.: j'ai reçu; *impf.:* je recevais ; *plqpf.:* j'avais reçu ; *fut.:* je recevrai; *cond. I:* je recevrais; *cond. II:* j'aurais reçu; *subj.:* que je reçoive, que nous recevions

Je reçois beaucoup de mails. *(Ich bekomme viele Mails.)*
J'ai reçu une lettre de menace. *(Ich habe einen Drohbrief erhalten.)*
Ils ne reçoivent pas beaucoup d'argent pour leur travail. *(Sie bekommen nicht viel Geld für ihre Arbeit.)*
<u>être reçu(e) (à un exanen)</u> *((eine Prüfung) bestehen)*
Il/Elle a été reçu(e) (au baccalauréat). *(Er/Sie hat (das Abitur) bestanden.)*

reconnaître *(erkennen)*

prés.: je reconnais, tu reconnais, il/elle reconnaît, nous reconnaissons, vous reconnaissez, ils/elles reconnaissent;
p. c.: j'ai reconnu; *impf.:* je reconnaissais; *plqpf.:* j'avais reconnu; *fut.:* je reconnaîtrai; *cond. I:* je reconnaîtrais; *cond. II:* j'aurais reconnu; *subj.:* que je reconnaisse

Il faut reconnaître son travail. *(Man muss seine/ihre Leistung anerkennen.)*
Je reconnais que je me suis trompé(e). *(Ich sehe ein, dass ich mich getäuscht habe.)*

réduire *(verringern)*

prés.: je réduis, tu réduis, il/elle réduit, nous réduisons, vous réduisez, ils/elles réduisent;
p. c.: j'ai réduit;   *impf.:* je réduisais;   *plqpf.:* j'avais réduit;   *fut.:* je réduirai;   *cond. I:* je réduirais;   *cond. II:* j'aurais réduit;   *subj.:* que je réduise

J'ai réduit la consommation d'électricité. *(Ich habe den Stromverbrauch eingeschränkt.)*
Cela réduit les possibilités de travail. *(Das schränkt die Arbeitsmöglichkeiten ein.)*

réfléchir *(überlegen)*

prés.: je réfléchis, tu réfléchis, il/elle réfléchit, nous réfléchissons, vous réfléchissez, ils/elles réfléchissent;
p. c.: j'ai réfléchi;   *impf.:* je réfléchissais;   *plqpf.:* j'avais réfléchi;   *fut.:* je réfléchirai;   *cond. I:* je réfléchirais;   *cond. II:* j'aurais réfléchi;   *subj.:* que je réfléchisse

<u>réfléchir à qc / sur qc</u> *(über etw. nachdenken)*
J'ai longtemps **réfléchi**. *(Ich habe lange überlegt.)*
Je vais y réfléchir. *(Ich werde darüber nachdenken.)*
réfléchir à/sur ce problème *(über dieses Problem nachdenken)*
réfléchir sur les possibilités d'amélioration *(über die Verbesserungsmöglichkeiten nachdenken)*

refuser *(ablehnen)* *(vgl. aider)*

prés.: je refuse;   *p. c.:* j'ai refusé

<u>refuser de f. qc</u> *(sich weigern, etw. zu tun)*
Il/Elle refuse de me parler. *(Er/Sie weigert sich, mit mir zu reden.)*
J'ai refusé de lui donner de l'argent. *(Ich habe es abgelehnt, ihm/ihr Geld zu geben.)*

regarder *(ansehen, betrachten)* *(vgl.* aider*)*

prés.: je regarde; *p. c.:* j'ai regardé

regarder qc/qn *(etw./jdn anschauen)*
Il regarde la télé pendant des heures. *(Er sieht stundenlang fern.)*
Elle ne regarde que son intérêt. *(Sie verfolgt nur ihre eigenen Interessen.)*
Il m'a regardé(e) de haut en bas. *(Er hat mich von oben bis unten gemustert.)*
Il faut regarder de plus près ce que font les autres. *(Man muss genauer hinsehen, was die anderen machen.)*
regarder qn *(jdn angehen)*
Ça ne me regarde pas. *(Das geht mich nichts an.)*
se regarder *(sich anschauen)*
se regarder dans les yeux *(sich in die Augen sehen)*
Quand **je me regarde** dans la glace ... *(Wenn ich mich im Spiegel betrachte ...)*

régler *(beilegen)* *(vgl.* aider*)*

prés.: je règle; *p. c.:* j'ai réglé

régler ce conflit *(diesen Konflikt beilegen)*
régler cette question / ce problème *(diese Frage / dieses Problem regeln)*

remercier *(danken)* *(vgl.* aider*)*

prés.: je remercie; *p. c.:* j'ai remercié

remercier qn pour/de qc *(jdm für etw. danken)*
Je vous remercie beaucoup **pour/de** votre aide. *(Ich danke Ihnen vielmals für Ihre Hilfe.)*
Je vous remercie d'être venu(e). *(Ich danke Ihnen, dass Sie gekommen sind.)*

Je ne sais pas comment vous remercier. *(Ich weiß nicht, wie ich Ihnen danken soll.)*

remettre *(wieder hinlegen, wieder anziehen)*

prés.: je remets, tu remets, il/elle remet, nous remettons, vous remettez, ils/elles remettent;
p. c.: j'ai remis; *impf.:* je remettais; *plqpf.:* j'avais remis; *fut.:* je remettrai; *cond. I:* je remettrais; *cond. II:* j'aurais remis; *subj.:* que je remette

remettre le livre sur la table *(das Buch wieder auf den Tisch legen)*
remettre ses chaussures *(seine Schuhe wieder anziehen)*
remettre qc à plus tard *(etw. auf später verschieben)*
Je vais me remettre au travail. *(Ich werde mich wieder an die Arbeit begeben.)*

rendre *(zurückgeben)*

prés.: je rends, tu rends, il/elle rend, nous rendons, vous rendez, ils/elles rendent;
p. c.: j'ai rendu; *impf.:* je rendais; *plqpf.:* j'avais rendu; *fut.:* je rendrai; *cond. I:* je rendrais; *cond. II:* j'aurais rendu; *subj.:* que je rende

rendre qc à qn *(jdm etw. zurückgeben)*
Je vous rends l'argent. *(Ich gebe Ihnen das Geld zurück.)*
rendre qn heureux *(jdn glücklich machen)*
Cela m'a rendu heureux/triste. *(Das hat mich glücklich/traurig gemacht.)*
Le stress rend malade. *(Der Stress macht krank.)*
se rendre *(sich begeben)*
Je vais me rendre à Londres. *(Ich werde mich nach London begeben.)*

renoncer *(verzichten)* *(vgl.* aider*)*

prés.: je renonce; *p. c.:* j'ai renoncé

<u>renoncer à qc / à qn</u> *(auf etw. / auf jdn verzichten)*
Je renonce à tout. *(Ich verzichte auf alles.)*
J'y renonce. *(Ich verzichte darauf.)*
J'ai renoncé à lui / à elle. *(Ich habe auf ihn / auf sie verzichtet.)*
<u>renoncer à f. qc</u> *(darauf verzichten, etw. zu tun)*
J'ai renoncé à lui expliquer tout cela. *(Ich habe darauf verzichtet, ihm/ihr das alles zu erklären.)*

renseigner *(informieren)* *(vgl.* aider*)*

prés.: je renseigne; *p. c.:* j'ai renseigné

<u>renseigner qn sur ...</u> *(jdn informieren über ...)*
Pourriez-vous me renseigner sur votre arrivée? *(Könnten Sie mich über Ihre Ankunft informieren?)*
<u>se renseigner sur ...</u> *(sich erkundigen/informieren über ...)*
Je vais me renseigner. *(Ich werde nachfragen.)*
Je me suis renseigné(e) sur tout. *(Ich habe mich über alles erkundigt.)*

répondre *(antworten)*

prés.: je réponds, tu réponds, il/elle répond, nous répondons, vous répondez, ils/elles répondent;
p. c.: j'ai répondu; *impf.:* je répondais; *plqpf.:* j'avais répondu; *fut.:* je répondrai; *cond. I:* je répondrais; *cond. II:* j'aurais répondu; *subj.:* que je réponde

<u>répondre à qn</u> *(jdm antworten)*
Il ne m'a pas répondu. *(Er hat mir nicht geantwortet.)*
<u>répondre à qc</u> *(auf etw. antworten)*
Elle n'a pas répondu à ma lettre. *(Sie hat meinen Brief nicht beantwortet.)*

résister *(sich widersetzen)* *(vgl. aider)*

prés.: je résiste; *p. c.:* j'ai résisté

<u>résister à qn / à qc</u> *(sich jdm / einer Sache widersetzen)*
Il résiste à ses parents. *(Er lehnt sich gegen seine Eltern auf.)*
Elle résiste aux ordres de ses parents. *(Sie widersetzt sich den Anordnungen ihrer Eltern.)*

résoudre *(lösen)*

prés.: il/elle résout; *p. c.:* il/elle a résolu; *fut.:* il/elle résoudra

résoudre un problème *(ein Problem lösen)*
Ça ne résout pas le problème. *(Das löst das Problem nicht.)*
On a résolu ce problème. *(Man hat dieses Problem gelöst.)*

ressembler *(ähneln)* *(vgl. aider)*

prés.: il/elle ressemble; *p. c.:* il/elle a ressemblé

<u>ressembler à</u> *(ähneln, aussehen wie)*
Il ressemble à son père. *(Er ähnelt seinem Vater.)*
Elle ne ressemble pas à sa mère. *(Sie hat keine Ähnlichkeit mit ihrer Mutter.)*
Ils se ressemblent beaucoup. *(Sie sehen sich sehr ähnlich.)*
Cette voiture ressemble à une Ferrari. *(Dieses Auto sieht aus wie ein Ferrari.)*

rester *(bleiben)*

prés.: je reste; *p. c.:* je suis resté(e)

Je suis resté(e) chez moi. *(Ich bin zu Hause geblieben.)*
Il reste beaucoup à faire. *(Es bleibt noch viel zu tun.)*
Il me reste encore **dix minutes**. *(Es bleiben mir nur noch 10 Minuten.)*

retenir *(zurückhalten)*

prés.: je retiens, tu retiens, il/elle retient, nous retenons, vous retenez, ils/elles retiennent;
p. c.: j'ai retenu; *impf.:* je retenais; *plqpf.:* j'avais retenu; *fut.:* je retiendrai; *cond. I:* je retiendrais; *cond. II:* j'aurais retenu;
subj.: que je retienne, que nous retenions

Je ne veux pas vous retenir plus longtemps. *(Ich will Sie nicht länger aufhalten.)*
Elle a retenu le voleur. *(Sie hat den Dieb festgehalten.)*
Cet article a retenu mon attention *(f.)*. *(Dieser Artikel hat mein Interesse geweckt.)*

retourner *(zurückkehren)*

prés.: je retourne; *p. c.:* je suis retourné(e)

Je suis retourné(e) à l'hôtel. *(Ich bin zum Hotel zurückgekehrt.)*
Il/Elle est retourné(e) dans son pays natal. *(Er/Sie ist in seine/ihre Heimat zurückgekehrt.)*
<u>se retourner vers qn</u> *(sich nach jdm umdrehen)*
Il s'est retourné vers moi. *(Er hat sich nach mir umgedreht.)*

réussir *(Erfolg haben, gelingen)*

prés.: il/elle réussit; *p. c.:* il/elle a réussi; *fut.:* il/elle réussira

<u>réussir à qc</u> *(bei etw. Erfolg haben)*
réussir à un examen *(eine Prüfung bestehen)*
Elle a réussi à l'examen. *(Sie hat die Prüfung bestanden.)*
Il n'a pas réussi au bac. *(Er ist beim Abitur durchgefallen.)*
<u>réussir à f. qc</u> *(es gelingt jdm, etw. zu tun)*
J'ai réussi à perdre dix kilos. *(Es ist mir gelungen, 10 kg abzunehmen.)*

revenir *(wiederkommen)*

prés.: je reviens, tu reviens, il/elle revient, nous revenons, vous revenez, ils/elles reviennent;
p. c.: je suis revenu(e); *impf.:* je revenais; *plqpf.:* j'étais revenu(e); *fut.:* je reviendrai; *cond. I:* je reviendrais; *cond. II:* je serais revenu(e); *subj.:* que je revienne, que nous revenions

Je reviens tout de suite. *(Ich bin gleich wieder da.)*
Quand **il/elle revient** du travail, … *(Wenn er/sie von der Arbeit zurückkommt, …)*
Elle est revenue de son voyage. *(Sie ist von ihrer Reise zurückgekommen.)*

revoir *(wiedersehen)*

prés.: je revois, tu revois, il/elle revoit, nous revoyons, vous revoyez, ils/elles revoient;
p. c.: j'ai revu; *impf.:* je revoyais; *plqpf.:* j'avais revu; *fut.:* je reverrai; *cond.* I: je reverrais; *cond. II:* j'aurais revu; *subj.:* que je revoie, que nous revoyions

Je le/la revois demain. *(Ich treffe ihn/sie morgen wieder.)*
J'espère qu'on se reverra bientôt. *(Ich hoffe, dass wir uns bald wiedersehen.)*

S

savoir *(wissen, können)*

prés.: je sais, tu sais, il/elle sait, nous savons, vous savez, ils/elles savent;
p. c.: j'ai su; *impf.:* je savais; *plqpf.:* j'avais su; *fut.:* je saurai; *cond. I:* je saurais; *cond. II:* j'aurais su; *subj.:* que je sache

<u>savoir</u> *(wissen)*
Je ne sais pas. *(Ich weiß nicht.)*
Vous savez son adresse? *(Wissen Sie seine/ihre Adresse?)*
Comment avez-vous su cela? *(Wie haben Sie das erfahren?)*
<u>savoir</u> *(können = es verstehen zu …)*
Je ne sais pas l'italien. *(Ich kann kein Italienisch.)*
Je ne sais pas faire du ski. *(Ich kann nicht Skilaufen.)*

sentir *(fühlen)*

prés.: je sens, tu sens, il/elle sent, nous sentons, vous sentez, ils/elles sentent;
p. c.: j'ai senti; *impf.:* je sentais; *plqpf.:* j'avais senti; *fut.:* je sentirai; *cond. I:* je sentirais; *cond. II:* j'aurais senti; *subj.:* que je sente

Je ne sens pas le froid. *(Ich spüre die Kälte nicht.)*
Cela sent bon. *(Das riecht gut.)*
Je ne me sens pas bien. *(Ich fühle mich nicht wohl.)*
Il/Elle se sent dépassé(e). *(Er/Sie fühlt sich überfordert.)*

servir *(dienen)*

prés.: je sers, tu sers, il/elle sert, nous servons, vous servez, ils/elles servent;
p. c.: j'ai servi; *impf.:* je servais; *plqpf.:* j'avais servi; *fut.:* je servirai; *cond. I:* je servirais; *cond. II:* j'aurais servi; *subj.:* que je serve

servir qc à qn *(jdm etw. servieren)*
Qu'est-ce que je vous sers? *(Was darf ich Ihnen servieren?)*
servir à qc *(zu etw. nützen)*
A quoi ça sert? *(Was nützt das?)*
Ça ne sert à rien. *(Das hat keinen Zweck.)*
servir à f. qc *(dazu dienen, etw. zu tun)*
Ça sert à faciliter la vie. *(Das dient dazu, das Leben zu erleichtern.)*
se servir *(sich bedienen)*
Servez-vous! *(Bitte, greifen Sie zu!)*

sortir *(hinausgehen)*

prés.: je sors, tu sors, il/elle sort, nous sortons, vous sortez, ils/elles sortent;
p. c.: je suis sorti(e); *impf.:* je sortais; *plqpf.:* j'étais sorti(e); *fut.:* je sortirai; *cond. I:* je sortirais; *cond. II:* je serais sorti(e); *subj.:* que je sorte

Je sors avec mes amis. *(Ich gehe mit Freunden aus.)*
Il/Elle sort de l'école à cinq heures. *(Er/Sie kommt um 5 Uhr aus der Schule.)*
Je suis sortie avec lui. *(Ich bin mit ihm ausgegangen.)*
Je suis sorti en boîte avec elle. *(Ich bin mit ihr in die Disco gegangen.)*
Le film est sorti en 2012. *(Der Film ist 2012 herausgekommen.)*

souffrir *(leiden)*

prés.: je souffre, tu souffres, il/elle souffre, nous souffrons, vous souffrez, ils/elles souffrent;
p. c.: j'ai souffert; *impf.:* je souffrais; *plqpf.:* j'avais souffert;
fut.: je souffrirai; *cond. I:* je souffrirais; *cond. II:* j'aurais souffert;
subj.: que je souffre

<u>souffrir de qc</u> *(an/unter etw. leiden)*
Il/Elle souffre de la solitude. *(Er/Sie leidet unter der Einsamkeit.)*
Le tourisme souffre beaucoup de la crise économique. *(Der Tourismus leidet sehr unter der Wirtschaftskrise.)*
Il/Elle souffre d'une maladie rare. *(Er/Sie leidet an einer seltenen Krankheit.)*

se souvenir *(sich erinnern)*

prés.: je me souviens, tu te souviens, il/elle se souvient, nous nous souvenons, vous vous souvenez, ils/elles se souviennent;
p. c.: je me suis souvenu(e); *impf.:* je me souvenais; *plqpf.:* je m'étais souvenu(e); *fut.:* je me souviendrai; *cond. I:* je me souviendrais; *cond. II:* je me serais souvenu(e); *subj.:* que je me souvienne, que nous nous souvenions

<u>se souvenir de qn / de qc</u> *(sich an jdn / an etw. erinnern)*
Tu te souviens de lui / d'elle? *(Erinnerst du dich noch an ihn / an sie?)*
Je ne me souviens plus de son nom. *(Ich erinnere mich nicht mehr an seinen/ihren Namen.)*

suffire *(genügen)*

prés.: il/elle suffit, ils/elles suffisent;
p. c.: il/elle a suffi; *impf.:* il/elle suffisait; *plqpf.:* il/elle avait suffi;
fut.: il/elle suffira; *cond. I:* il/elle suffirait; *cond. II:* il/elle aurait suffi; *subj.:* qu'il/elle suffise

Ça suffit. *(Das genügt/reicht.)*
Son salaire ne lui suffit pas. *(Sein/Ihr Lohn reicht ihm/ihr nicht.)*
Il ne suffit pas de manger moins. *(Es reicht nicht aus, weniger zu essen.)*

suivre *(folgen)*

prés.: je suis, tu suis, il/elle suit, nous suivons, vous suivez, ils/elles suivent;
p. c.: j'ai suivi; *impf.:* je suivais; *plqpf.:* j'avais suivi; *fut.:* je suivrai; *cond. I:* je suivrais; *cond. II:* j'aurais suivi; *subj.:* que je suive

<u>suivre qn</u> *(jdm folgen)*
Je vous suis. *(Ich komme gleich nach.)*
Il m'a suivi(e) en voiture. *(Er ist mir im Auto gefolgt.)*
J'ai suivi son conseil. *(Ich bin seinem/ihrem Rat gefolgt.)*
J'ai suivi un cours d'anglais. *(Ich habe einen Englischkurs besucht.)*

T

téléphoner *(telefonieren)* *(vgl.* aider*)*

prés.: je téléphone; *p. c.:* j'ai téléphoné

<u>téléphoner à qn</u> *(mit jdm telefonieren)*
J'ai téléphoné à mon père / à ma mère. *(Ich habe mit meinem Vater / mit meiner Mutter telefoniert.)*
Je lui ai téléphoné. *(Ich habe mit ihm / mit ihr telefoniert.)*

tenir *(halten)*

prés.: je tiens, tu tiens, il/elle tient, nous tenons, vous tenez, ils/elles tiennent;
p. c.: j'ai tenu; *impf.:* je tenais; *plqpf.:* j'avais tenu; *fut.:* je tiendrai; *cond. I:* je tiendrais; *cond. II:* j'aurais tenu; *subj.:* que je tienne, que nous tenions

Je vous tiens au courant. *(Ich halte Sie auf dem Laufenden.)*
Il/Elle tient la première place. *(Er/Sie nimmt die erste Stelle ein.)*
Je me suis tenu(e) tranquille. *(Ich habe mich ruhig verhalten.)*

traduire *(übersetzen)*

prés.: je traduis, tu traduis, il/elle traduit, nous traduisons, vous traduisez, ils/elles traduisent;
p. c.: j'ai traduit; *impf.:* je traduisais; *plqpf.:* j'avais traduit; *fut.:* je traduirai; *cond. I:* je traduirais; *cond. II:* j'aurais traduit; *subj.:* que je traduise

Pouvez-vous me traduire cette phrase en anglais? *Können Sie mir diesen Satz ins Englische übersetzen?)*
Il/Elle a traduit ce roman du français en allemand. *(Er/Sie hat diesen Roman aus dem Französischen ins Deutsche übersetzt.)*

V

vaincre *(siegen, besiegen)*

prés.: il/elle vainc, ils/elles vainquent;
p. c.: il/elle a vaincu; *impf.:* il/elle vainquait; *plqpf.:* il/elle avait vaincu; *fut.:* il/elle vaincra; *cond. I:* il/elle vaincrait; *cond. II:* il/elle aurait vaincu; *subj.:* qu'il/elle vainque

Ce pays **a vaincu** la crise économique. *(Dieses Land hat die Wirtschatskrise überwunden.)*
Il/Elle vaincra toutes les difficultés. *(Er/Sie wird alle Schwierigkeiten meistern.)*

vendre *(verkaufen)*

prés.: je vends, tu vends, il/elle vend, nous vendons, vous vendez, ils/elles vendent;
p. c.: j'ai vendu; *impf.:* je vendais; *plqpf.:* j'avais vendu; *fut.:* je vendrai; *cond. I:* je vendrais; *cond. II:* j'aurais vendu; *subj.:* que je vende

Je lui ai vendu ma voiture. *(Ich habe ihm/ihr mein Auto verkauft.)*
Je l'ai vendue à 5.000 euros. *(Ich habe es für 5 000 EUR verkauft.)*
acheter bon marché et **vendre cher** *(billig kaufen und teuer verkaufen)*
A quel prix vendez-vous vos produits? *(Zu welchem Preis verkaufen Sie Ihre Produkte?)*

venir *(kommen)*

prés.: je viens, tu viens, il/elle vient, nous venons, vous venez, ils/elles viennent;
p. c.: je suis venu(e); *impf.:* je venais; *plqpf.:* j'étais venu(e);
fut.: je viendrai; *cond. I:* je viendrais; *cond. II:* je serais venu(e);
subj.: que je vienne, que nous venions

Vous venez avec moi? *(Kommen Sie mit mir?)*
Je viens d'Allemagne. *(Ich komme aus Deutschland.)*
Je suis venu(e) en voiture. *(Ich bin mit dem Wagen gekommen.)*
Il m'est venu à l'esprit que … *(Mir ist eingefallen, dass …)*
<u>venir voir qn</u> *(jdn besuchen (kommen))*
Quand est-ce que **tu viens me voir**? *Wann kommst du mich besuchen?)*

vivre *(leben)*

prés.: je vis, tu vis, il/elle vit, nous vivons, vous vivez, ils/elles vivent;
p. c.: j'ai vécu; *impf.:* je vivais; *plqpf.:* j'avais vécu; *fut.:* je vivrai;
cond I.: je vivrais; *cond. II:* j'aurais vécu; *subj.:* que je vive

Elle vit seule. *(Sie lebt allein.)*
Il vit avec ses parents. *(Er lebt bei seinen Eltern.)*
Elle ne peut pas vivre de son travail. *(Sie kann nicht von ihrer Arbeit leben.)*
Il a vécu dix ans aux Etats-Unis. *(Er hat 10 Jahre in den USA gelebt.)*

voir *(sehen)*

prés.: je vois, tu vois, il/elle voit, nous voyons, vous voyez, ils/elles voient;
p. c.: j'ai vu; *impf.:* je voyais; *plqpf.:* j'avais vu; *fut.:* je verrai; *cond. I:* je verrais; *cond. II:* j'aurais vu; *subj.:* que je voie, que nous voyions

Il/Elle voit très mal. *(Er/Sie sieht sehr schlecht.)*
Je n'ai rien vu. *(Ich habe nichts gesehen.)*
<u>aller voir qc</u> *(sich etw. ansehen)*
Il faut absolument **aller voir ce film**. *(Sie müssen sich unbedingt diesen Film ansehen.)*
<u>aller voir qn</u> *(jdn besuchen (gehen))*
Je suis allé(e) le/la voir samedi dernier. *(Ich habe ihn/sie letzten Samstag besucht.)*
<u>venir voir qn</u> *(jdn besuchen (kommen))*
Vous pouvez venir me voir quand vous voulez. *(Sie können mich besuchen, wann Sie wollen.)*

vouloir *(wollen)*

prés.: je veux, tu veux, il/elle veut, nous voulons, vous voulez, ils/elles veulent;
p. c.: j'ai voulu; *impf.:* je voulais; *plqpf.:* j'avais voulu; *fut.:* je voudrai; *cond. I:* je voudrais; *cond. II:* j'aurais voulu; *subj.:* que je veuille, que nous voulions

Vous voulez boire quelque chose? *(Wollen Sie etwas trinken?)*
Je voudrais vous dire que … *(Ich möchte Ihnen sagen, dass …)*
Il a voulu me tromper. *(Er wollte mich betrügen.)*
Si je voulais, je pourrais travailler à plein temps. *(Wenn ich wollte, könnte ich Vollzeit arbeiten.)*
Moi, **je n'aurais pas voulu** faire ce travail. *(Ich hätte diese Arbeit nicht machen wollen.)*

Liste der Verben

A

acheter 9
agir 9
aider 9
aimer 10
aller 10
améliorer 11
amener 11
appeler 12
apprendre 12
arrêter 13
arriver 13
atteindre 14
attendre 14
augmenter 14
avoir 7

B

battre 16
blesser 16
boire 16
bouger 17
brûler 17

C

casser 18
cesser 18
changer 18
choisir 19
combattre 19
commencer 20
commettre 20
comparer 20
se comporter 21
comprendre 21
conduire 21
connaître 22
conseiller 22
construire 22
contenir 23
continuer 23
se coucher 23
courir 24
craindre 24
créer 24
croire 25

D

décider 26
découvrir 26
défendre 27
demander 27
se dépêcher 28
dépendre 28
descendre 28
détruire 29
devenir 29
devoir 30
diminuer 30
dire 30
discuter 31
disparaître 31

divorcer 31
dormir 31

E

écouter 33
écrire 33
emmener 33
empêcher 34
emporter 34
énerver 34
s'ennuyer 35
entendre 35
entrer 35
envoyer 36
épouser 36
espérer 36
essayer 37
éteindre 37
être 7
étudier 37
éviter 38
exprimer 38

F

faire 39
féliciter 39
finir 39

H

s'habiller 41
habiter 41
s'habituer 41
hésiter 41

I

il faut 43
il vaut mieux 43
informer 44
s'inquiéter 44
interdire 44
intéresser 45
interrompre 45

J

jeter 46
jouer 46
juger 46

L

laisser 47
laver 47
lever 47
lire 48

M

manger 49
manquer 49
se marier 49
se méfier 50
menacer 50
mener 50
mentir 51
mettre 51
monter 52
se moquer 52
mourir 52

O

obtenir 53
s'occuper 53
offrir 53
ouvrir 54

P

paraître 55
parler 55
participer 56
partir 56
passer 56
payer 57
perdre 57
permettre 57
se plaindre 58
plaire 58
pleuvoir 59
pouvoir 59
préférer 59
prendre 60
produire 60
se promener 61
promettre 61
protéger 62

R

rappeler 63
réagir 63
recevoir 64
reconnaître 64
réduire 65
réfléchir 65
refuser 65
regarder 66
régler 66
remercier 66
remettre 67
rendre 67
renoncer 68
renseigner 68
répondre 68
résister 69
résoudre 69
ressembler 69
rester 69
retenir 70
retourner 70
réussir 70
revenir 71
revoir 71

S

savoir 72
sentir 72
servir 73
sortir 73
souffrir 74
se souvenir 74
suffire 74
suivre 75

T

téléphoner 76
tenir 76
traduire 76

V

vaincre 77
vendre 77
venir 78
vivre 78
voir 79
vouloir 79

Von Bernhard Stentenbach sind in der Buchreihe **smf** außerdem folgende Titel erschienen:

Richtig Französisch sprechen
Wortschatz für gutes Französisch
Französische Grammatik fürs Sprechen
Wieder fit in Französisch
Smalltalk Französisch
Französisch – Der Fitmacher
Mitreden in Französisch
Französisch – Seine Meinung äußern
Kurzgrammatik für aktives Französisch
Französisch sprechen für Jugendliche